Fit fürs... Rechnen bis 100

Mein Übungsheft

2. Klasse

Text: Andrea Tonte
Illustration: Guido Wandrey

TESSLOFF

Vorwort

Hallo du,
meine Ameisenfreunde und ich haben jede Menge Aufgaben zum Rechnen im Zahlenraum bis 100 für dich. Neben Plus-, Minus-, Mal- und Geteiltaufgaben, Sachaufgaben und dem Rechnen mit Größen erwartet dich auch jede Menge Spaß. So wirst du ameisenfit im Rechnen!

So funktioniert's
Am besten, du nimmst dir jeden Tag ein paar Minuten Zeit zum Üben. In der Heftmitte findest du die lustigen Ameisensticker. Für jede gelöste Doppelseite schnappst du dir einen, der dir gefällt, und klebst ihn auf das Ausmalbild. Sind alle Felder voll, bist du fit für die Schule!

Hast du alles richtig?
Das Lösungsheft in der Mitte hilft dir bei der Selbstkontrolle. Du kannst es auch herausnehmen.

Ich wünsche dir viel Ameisen-Power beim Üben!

Inhaltsverzeichnis

Zahlen darstellen: Stellenwerttafel

1 Wie viele Möhren bekommt jeder Hase?
Trage die Zahlen in die Stellenwerthäuser ein.

Z	E

Z	E

Z	E

2 Welche Zahl ist das? Trage in die Stellenwerttafel ein.

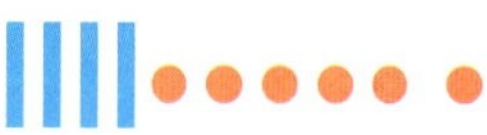

H	Z	E

H	Z	E

H	Z	E

3 Stelle die Zahlen als Zahlbilder dar.

37

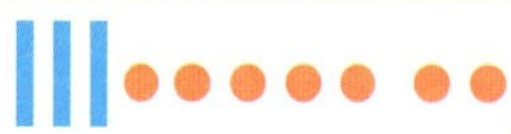

85

19

Zahlen bis 100 kennen

1 Schreibe als Zahl auf.

vierzig → ______ dreizehn → ______

fünfundzwanzig → ______ siebzig → ______

siebenundsechzig → ______ dreißig → ______

2 Welche Zahl ist hier gemeint?

0 H 5 Z 7 E → ______ 0 H 0 Z 4 E → ______

1 H 0 Z 0 E → ______ 0 H 2 Z 0 E → ______

3 Wie heißen die Zahlen? Finde die Zehner und Einer.

 = 1  = 2  = 3  = 4

 = 5  = 6  = 7  = 8

 → 58 → achtundfünfzig

 → ____ → ______________

 → ____ → ______________

 → ____ → ______________

 → ____ → ______________

 → ____ → ______________

Zahlen darstellen: Zahlenstrahl

1 Sieh dir den Zahlenstrahl an. Trage die Zahlen ein.

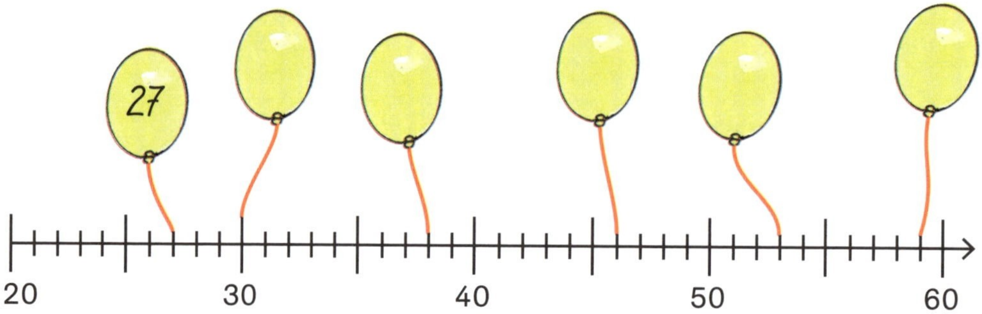

2 Finde den richtigen Platz auf dem Zahlenstrahl. Verbinde.

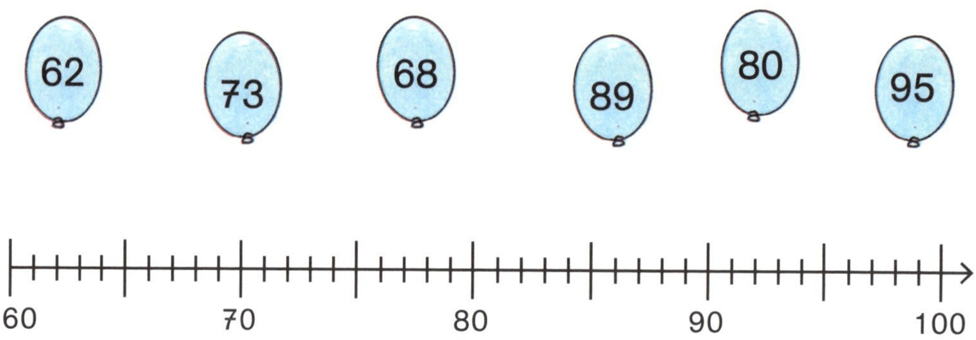

3 Finde die Nachbarzahlen.

Zahlen vergleichen

1 Ordne die Zahlen von klein nach groß.

94 13 62 75 48 82 37

___ < ___ < ___ < ___ < ___ < ___ < ___

2 Welche Zahl aus dem Aquarium passt?

43 < ___ < 48   99 > ___ > 89

68 < ___ < 72   64 > ___ > 58

76 < ___ < 91   21 > ___ > 17

Zahlen darstellen: Hundertertafel

1 Trage die fehlenden Zahlen in die Hundertertafel ein.
Kreise dann alle Zahlen mit 3 E ein.

1	2	3	4		6	7	8	9	10
11	12		14		16	17		19	
21	22	23	24		26	27	28	29	
	32	33	34		36		38	39	
41		43	44		46	47	48	49	
51	52	53	54		56	57	58		
61		63	64		66		68	69	
71	72	73	74		76	77	78	79	
81	82		84		86	87	88	89	
	92	93	94		96	97		99	100

2 Welche Zahlen fehlen? Trage sie ein.

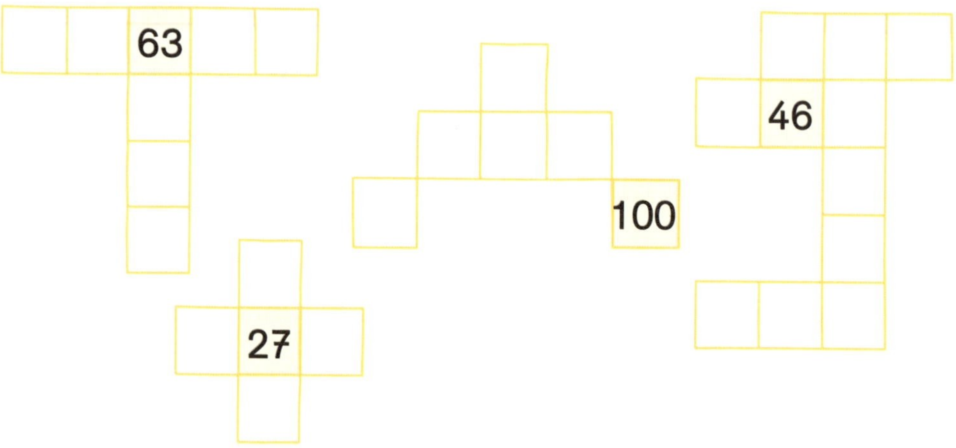

Zahlen darstellen: Hundertertafel

3 Finde die gesuchten Zahlen. Die Hundertertafel hilft dir dabei.

Von 34 aus 2 Felder nach unten und

3 Felder nach rechts! → ____

Von 50 aus 5 Felder nach links und

2 Felder nach oben! → ____

4 Löse die tierischen Zahlenrätsel.

Meine Zahl ist größer als 62 und kleiner als 64.

Meine Zahl liegt zwischen 29 und 40. Sie hat gleich viele Zehner und Einer.

Meine Zahl hat 3 Zehner und doppelt so viele Einer.

Zahlenfolgen

1 Trage in der ersten Reihe die folgenden geraden Zahlen ein. In der zweiten Reihe ergänzt du die ungeraden Zahlen.

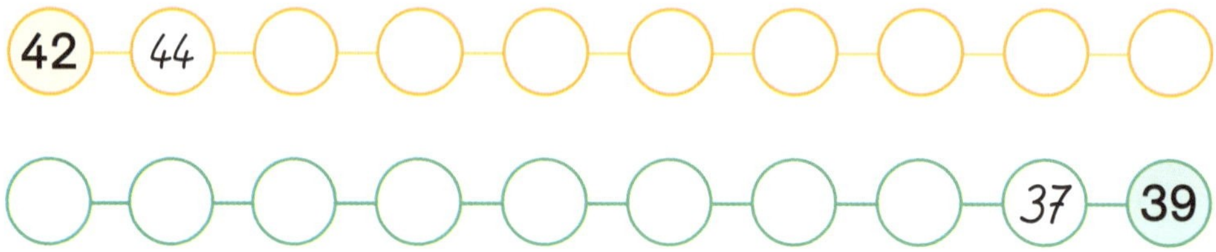

2 Der Frosch springt auf dem Zahlenstrahl. Zeichne seine Sprünge ein.

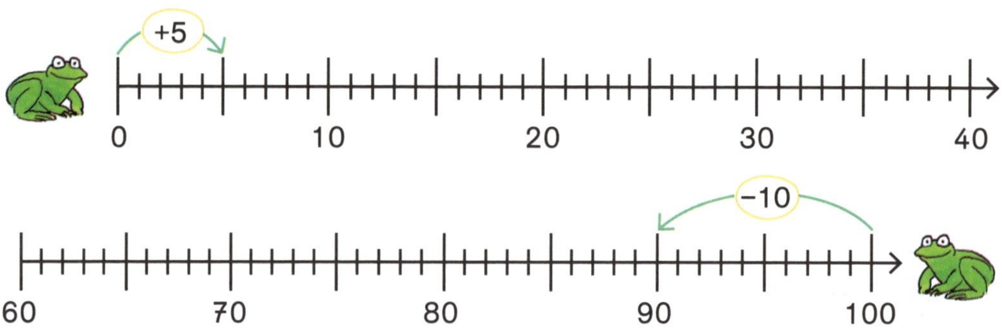

3 Wie heißt die Rechenregel? Ergänze die Zahlenfolgen.

+ ______ → 18, 20, 22, ______, ______, ______, ______, ______

______ → 99, 89, 79, ______, ______, ______, ______, ______

______ → 40, 37, 34, ______, ______, ______, ______, ______

______ → 5, 7, 6, 8, ______, ______, ______, ______, ______

Mit Zehnern rechnen

1 Immer zwei Zahlen ergeben zusammen 100.
Male sie gleich an.

10 50 0 80 20 60

70 100 40 50 90 30

2 Male jede Aufgabe in der Farbe ihrer Ergebniszahl an:
gelb oder blau.

50 + 40	20 + 50	40 + 30	10 + 80
20 + 70	0 + 70	60 + 30	60 + 10

3 Fülle die Zahlenmauern aus.

Einstellige Zahlen dazuzählen

1 Kannst du das noch?

5 →(+1)→ 6   1 →( )→ 8   4 →( )→ 9   5 →( )→ 10

14 →( )→ 17   12 →( )→ 16   15 →( )→ 19   11 →( )→ 13

2 Das Rechnen ist in jedem Zehner gleich. Trage ein.

3 + 5 = 8	2 + 7 = ____	14 + 4 = ____
13 + 5 = ____	22 + 7 = ____	64 + 4 = ____
23 + 5 = ____	52 + 7 = ____	
33 + 5 = ____	62 + 7 = ____	

Zuerst bis zum Zehner!

3 Springe am Zahlenstrahl und rechne aus.

26 + 5 = ____

26 + 4 + ____ = ____

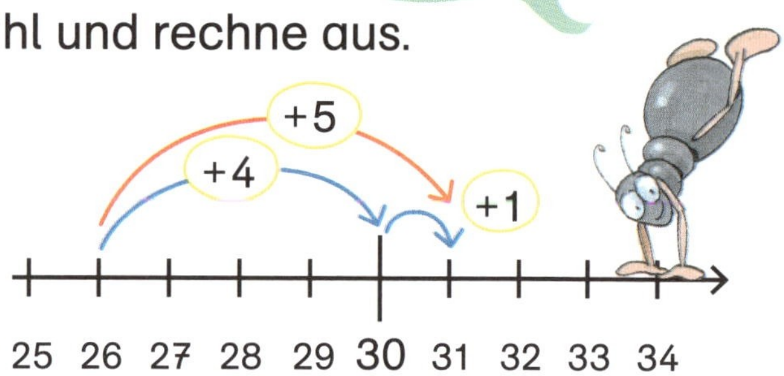

57 + 6 = ____

57 + ____ + ____ = ____

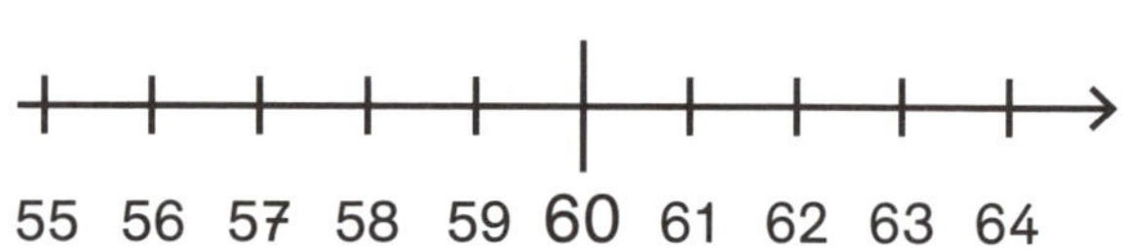

Einstellige Zahlen abziehen

1 Kannst du das noch?

9 (−3) 6	7 ( ) 3	8 ( ) 2	4 ( ) 0
14 ( ) 12	17 ( ) 14	16 ( ) 11	19 ( ) 16

2 Das Rechnen ist in jedem Zehner gleich. Trage ein.

7 − 3 = 4	8 − 5 = ____	56 − 4 = ____
17 − 3 = ____	28 − 5 = ____	16 − 4 = ____
37 − 3 = ____	88 − 5 = ____	66 − 4 = ____
47 − 3 = ____	48 − 5 = ____	46 − 4 = ____

3 Springe am Zahlenstrahl und rechne aus.

31 − 5 = ____

31 − 1 − ____ = ____

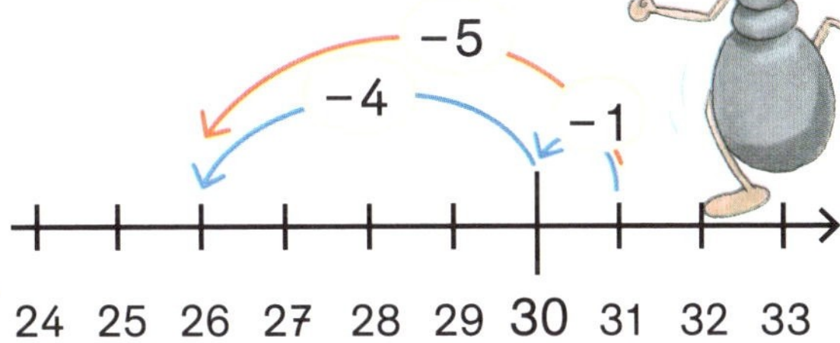

56 − 7 = ____

56 − ____ − ____ = ____

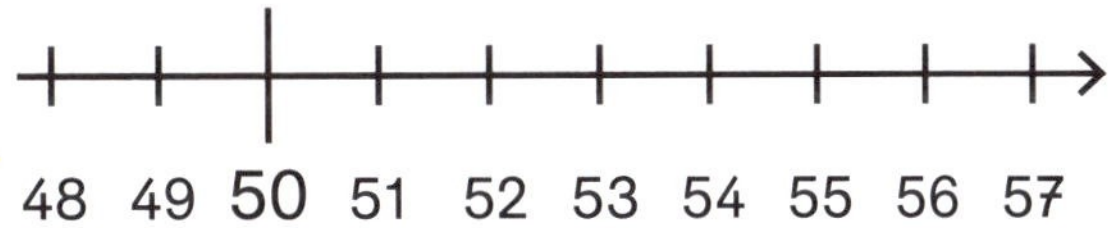

Plus- und Minusaufgaben mit einstelligen Zahlen

1 Finde zu den 3 Zahlen jeweils 4 Aufgaben.

7	15	8

9	4	13

7 + 8 = 15   9 + 4 = ____

8 + 7 = ____   ____ + ____ = ____

____ − ____ = ____   ____ − ____ = ____

____ − ____ = ____   ____ − ____ = ____

2 Rechne bei jedem Boot einmal plus und einmal minus.

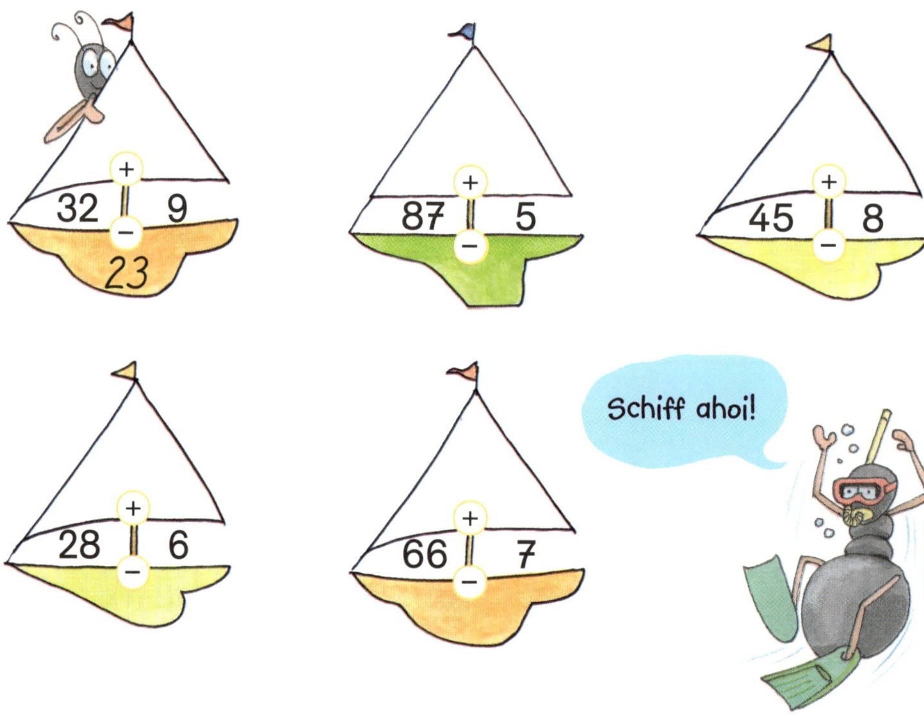

Zweistellige Zahlen ohne ZÜ dazuzählen

1 Welche beiden Zahlbilder gehören zur Aufgabe?
Verbinde und rechne.

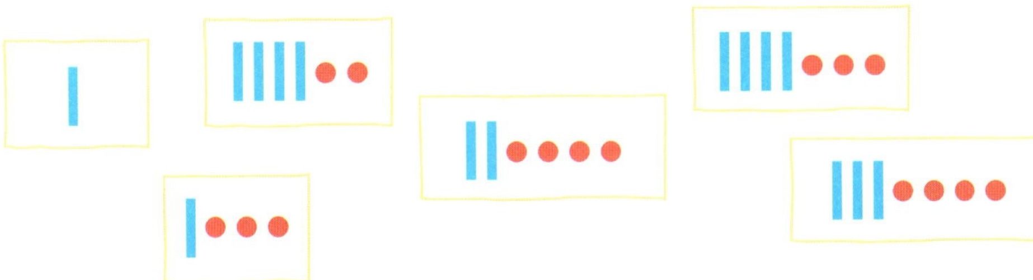

34 + 10 = ____

43 + 24 = ____

42 + 13 = ____

2 Rechne die Plusaufgaben. Trage die Ergebnisse in die Knochen ein.

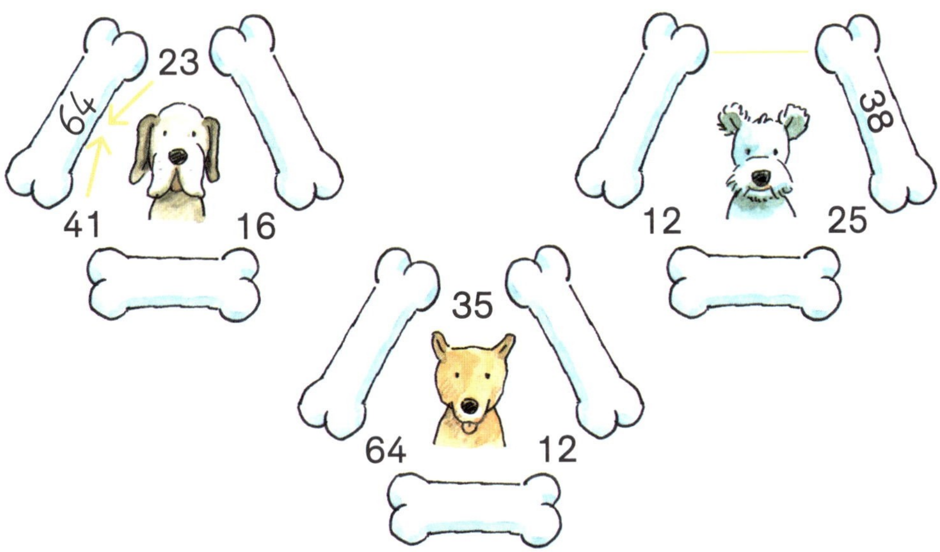

Zweistellige Zahlen ohne ZÜ dazuzählen

3 Löse diese Aufgaben. Finde deinen eigenen Rechenweg.

26 + 13 =

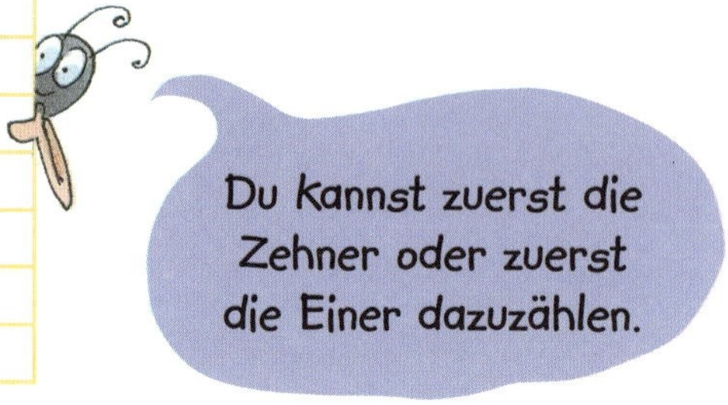

62 + 24 =

37 + 31 =

53 + 46 =

75 + 22 =

4 <, >, =? Welches Zeichen passt? Setze richtig ein.

15 + 23 ◯ 16

42 + 36 ◯ 88

81 + 12 ◯ 39

57 + 11 ◯ 68

65 + 22 ◯ 77

25 + 31 ◯ 56

Zweistellige Zahlen ohne ZÜ abziehen

1 Möchtest du zuerst die Zehner oder die Einer abziehen? Entscheide selbst. Zeichne die Pfeile am Zahlenstrahl ein und rechne aus.

44 – 21 = ____

____

____

38 – 16 = ____

____

____

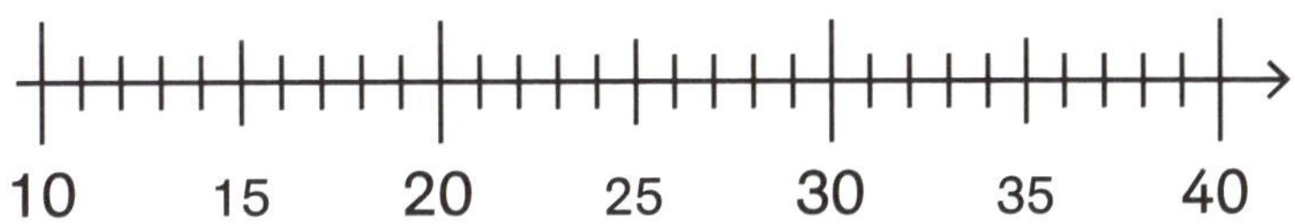

2 Kannst du die Aufgaben in Zeichensprache lösen?

87 – 74 = ____ ____ – ____ = ____

____ – ____ = ____ ____ – ____ = ____

Zweistellige Zahlen ohne ZÜ abziehen

3 Löse die Aufgaben. Ordne die Ergebnisse von klein nach groß und trage sie mit ihrem Buchstaben in die Tabelle ein. Wie heißt das Lösungswort?

63 − 42 = E

26 − 13 = L

99 − 35 = E

85 − 24 = G

47 − 42 = F

38 − 22 = I

Zweistellige Zahlen mit ZÜ dazuzählen

1 Zähle Schritt für Schritt dazu.

25 → + 48 → ☐

25 → +40 → ☐ → + → ☐

74 → + 17 → ☐

74 → + → ☐ → + → ☐

36 → + 26 → ☐

36 → + → ☐ → + → ☐

19 → + 63 → ☐

19 → + → ☐ → + → ☐

Zweistellige Zahlen mit ZÜ dazuzählen

2 Zähle dazu. Rechne mit deinem eigenen Lösungsweg.

18 + 37 =

46 + 28 =

34 + 28 =

25 + 19 =

48 + 43 =

27 + 55 =

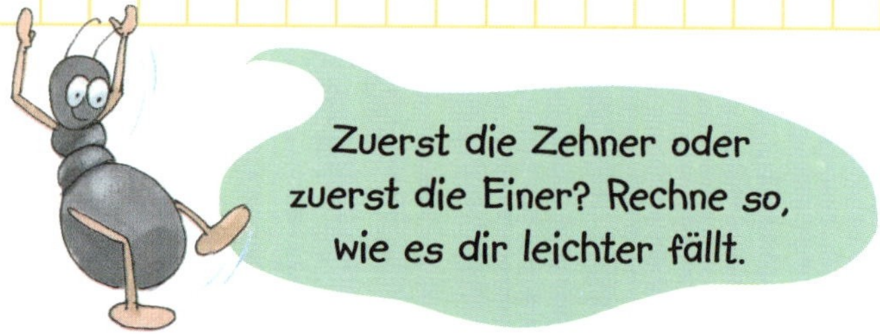

Zweistellige Zahlen mit ZÜ abziehen

1 Ziehe Schritt für Schritt ab.

45 → – 17 → ☐

– ☐ –

72 → – 43 → ☐

– ☐ –

85 → – 38 → ☐

– ☐ –

54 → – 26 → ☐

– ☐ –

Zweistellige Zahlen mit ZÜ abziehen

2 Ziehe ab. Rechne mit deinem eigenen Lösungsweg.

28 − 19 =

73 − 28 =

72 − 16 =

64 − 47 =

35 − 19 =

95 − 56 =

Gemischte Plus- und Minusaufgaben

1 Rechne aus. Male dann die Felder in der richtigen Farbe an.

62 + 14 = ____

35 + 44 = ____

47 + 11 = ____

53 + 25 = ____

47 + 18 = ____

38 + 26 = ____

96 − 73 = ____

44 − 13 = ____

41 − 29 = ____

84 − 65 = ____

56 − 27 = ____

63 − 35 = ____

Gemischte Plus- und Minusaufgaben

2 Rechne im Kopf und finde das Lösungswort.
Ordne dazu die Ergebnisse von klein nach groß.

15 + 19 = ____ T

64 − 39 = ____ H

36 − 19 = ____ S

33 + 39 = ____ R

39 + 29 = ____ A

91 − 49 = ____ Z

48 − 29 = ____ C

36 + 49 = ____ T

50 − 19 = ____ A

34 + 59 = ____ E

35 + 19 = ____ K

3 Welches Rechenzeichen passt: plus oder minus?

13 ◯ 5 = 8

36 ◯ 7 = 29

42 ◯ 9 = 51

12 ◯ 5 ◯ 4 = 21

20 ◯ 7 ◯ 5 = 18

63 ◯ 5 ◯ 4 = 62

Gemischte Plus- und Minusaufgaben

4 Immer zwei Zahlen ergeben zusammen 100.
Finde die Paare und verbinde sie.

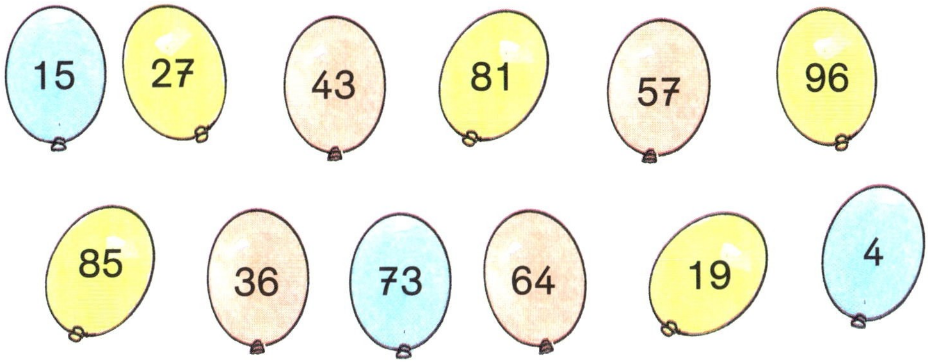

5 Welche Aufgaben passen nicht zur Fahne?
Streiche sie durch.

Malaufgaben aus Plusaufgaben bilden

1 Schreibe die Plus- und die Malaufgaben zu den Bildern.

3 + 3 + 3 + 3 = ____

____ · ____ = ____

5 + ____ + ____ + ____ = ____

____ · ____ = ____

2 Zeichne fertig und rechne aus.

2 + ____ + ____ + ____ = ____

____ · ____ = ____

5 + ____ + ____ = ____

____ · ____ = ____

Quadrataufgaben

1 Zeichne die Quadrataufgaben ein und rechne.

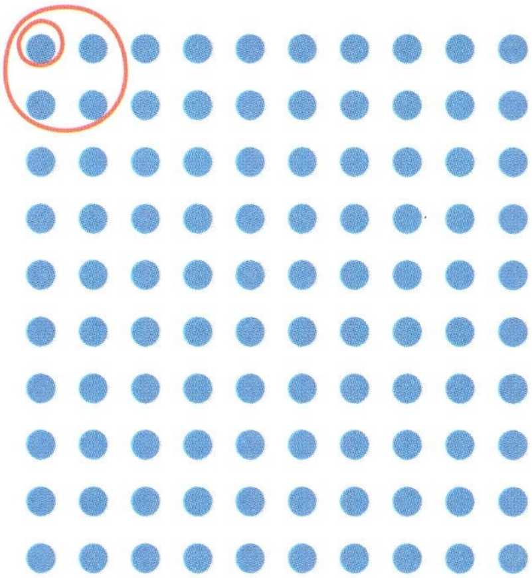

1 · 1 = ___ 6 · 6 = ___

2 · 2 = ___ 7 · 7 = ___

3 · 3 = ___ 8 · 8 = ___

4 · 4 = ___ 9 · 9 = ___

5 · 5 = ___ 10 · 10 = ___

2 Wie verändern sich die Quadrataufgaben?

5 · 5 = ___

4 · 5 = ___

5 · 4 = ___

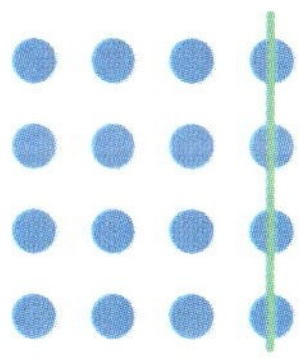

4 · 4 = ___

___ · ___ = ___

___ · ___ = ___

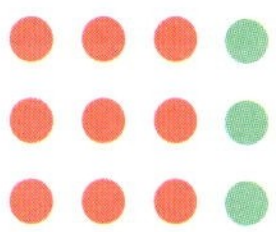

3 · 3 = ___

4 · 3 = ___

3 · 4 = ___

4 · 4 = ___

___ · ___ = ___

___ · ___ = ___

Einmaleins mit 5 und 10

1 Finde die Malaufgabe.

5 · 10 = _____   _____ · 10 = _____

_____ · _____ = _____   _____ · _____ = _____

2 Rechne und fülle die Rechenräder richtig aus.

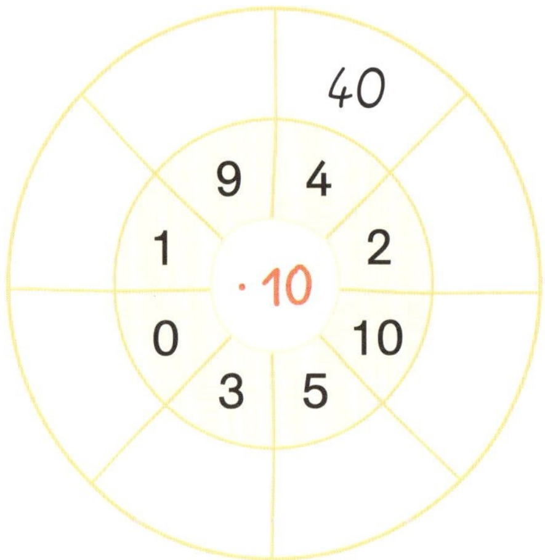

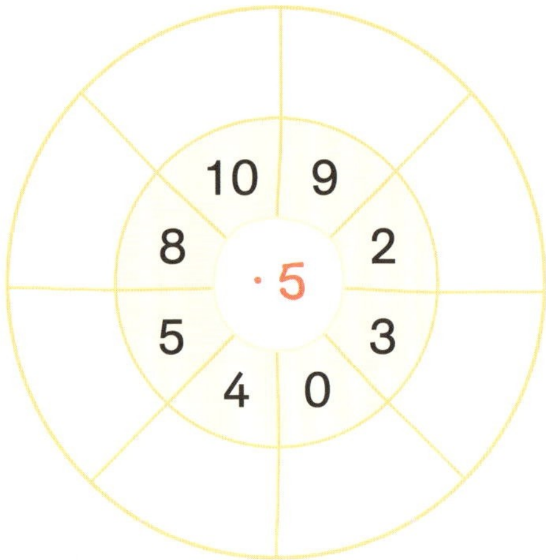

3 Welche Zahlen fehlen? Vervollständige die 5er-Reihe.

Einmaleins mit 2, 4 und 8

1 Vervollständige die 2er-Reihe.

0 → 2 → 4 ____________________

2 Springe die 4er-Reihe am Zahlenstrahl ab und schreibe die Zahlen auf.

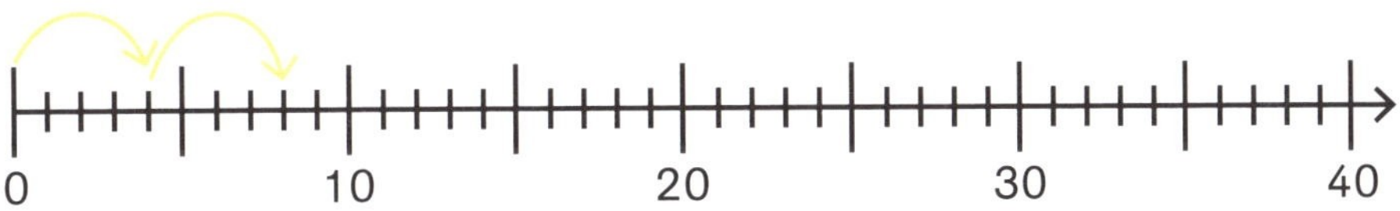

0 → 4 → 8 ____________________

3 Wie viele Beine haben die Spinnen?

1 Spinne: 1 · 8 = ____	4 Spinnen: ____ · 8 = ____
2 Spinnen: 2 · 8 = ____	5 Spinnen: ____ · 8 = ____
3 Spinnen: ____ · 8 = ____	6 Spinnen: ____ · 8 = ____

4 Manche Zahlen kommen in mehreren Einmaleins-reihen vor. Kreise ein.

2er-Reihe 4er-Reihe 8er-Reihe

1 3 5 7 9 11 13 15 17 19

2 4 6 8 10 12 14 16 18 20

Einmaleins mit 3, 6 und 9

1 Welche Zahlen gehören zum Einmaleins mit 3?
Kreise sie ein.

13 28 15 26 5 21
25 12 27 16 18
3
23 14 19
30 9 24 7 6 20

2 Wie viele Beine haben die Marienkäfer? Rechne aus.

1 Käfer: 1 · 6 = ___		6 Käfer: ___ · 6 = ___	
2 Käfer: 2 · 6 = ___		7 Käfer: ___ · 6 = ___	
3 Käfer: ___ · 6 = ___		8 Käfer: ___ · 6 = ___	
4 Käfer: ___ · 6 = ___		9 Käfer: ___ · 6 = ___	
5 Käfer: ___ · 6 = ___		10 Käfer: ___ · 6 = ___	

3 Trage die Zahlen aus dem Einmaleins mit 9 ein.
Schreibe die Zehner blau und die Einer rot.

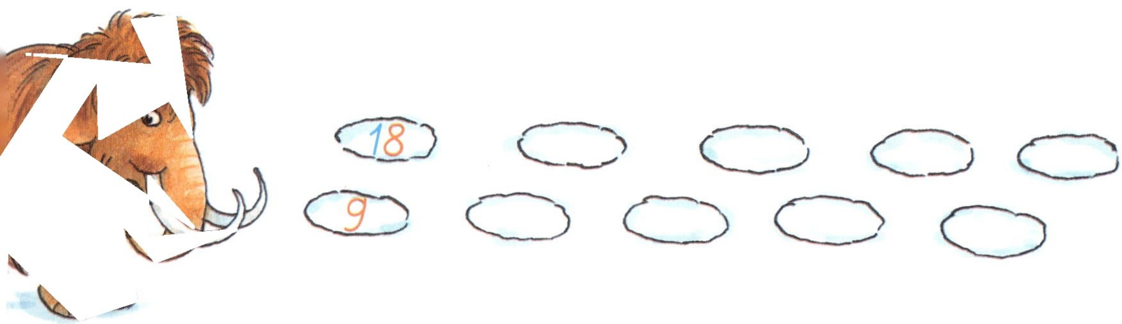

Einmaleins mit 7

1 Murat freut sich schon auf die Ferien. Wie viele Tage sind es noch bei den vorgegebenen Wochen?

Wochen	1	2	3	4	5	6	7	8	9	10
Tage	7									

2 Die Mäuse fressen nur Käsestücke aus dem Einmaleins mit 7. Male sie gelb an. Welches Stück bleibt übrig?

3 Rechne die Aufgabe aus und finde die Tauschaufgabe.

$3 \cdot 7 =$ ____

7 · 3 = ____

$6 \cdot 7 =$ ____

7 · ____ = ____

$4 \cdot 7 =$ ____

____ · ____ = ____

$2 \cdot 7 =$ ____

____ · ____ = ____

Auf die Plätze,
fertig, kleben!
Hier geht es los.
Hurra,
jetzt bist
du fit!

Fit fürs... Rechnen bis 100

Mein Übungsheft

2. Klasse

Lösungsheft

Lösungen:

Seite 4

1

Z	E
2	3

Z	E
4	1

Z	E
2	5

2

H	Z	E
0	4	6

H	Z	E
0	8	3

H	Z	E
1	0	0

3 37 85 19

Seite 5

1 40, 25, 67; 13, 70, 30
2 57, 100; 4, 20
3 58 → achtundfünfzig
27 → siebenundzwanzig
61 → einundsechzig
43 → dreiundvierzig
14 → vierzehn
35 → fünfunddreißig

Seite 6

1 27, 30, 38, 46, 53, 59
2

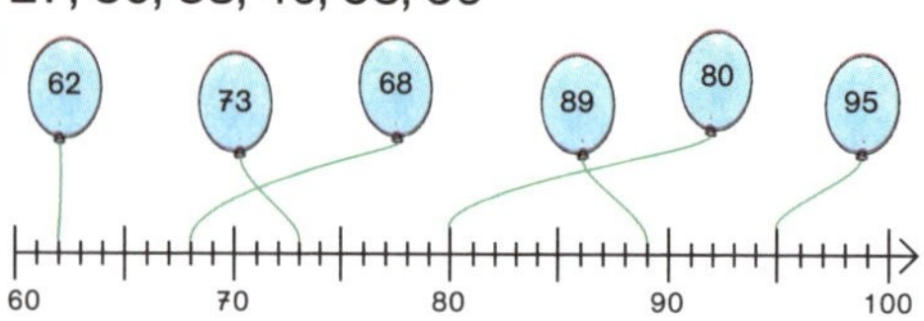

3 64, 65, 66; 39, 40, 41; 90, 91, 92

Seite 7

1 13 < 37 < 48 < 62 < 75 < 82 < 94
2 43 < 44 < 48 99 > 91 > 89
68 < 70 < 72 64 > 63 > 58
76 < 89 < 91 21 > 19 > 17

Seite 8

1

1	2	3	4	5	6	7	8	9	10
11	12	13	14	15	16	17	18	19	20
21	22	23	24	25	26	27	28	29	30
31	32	33	34	35	36	37	38	39	40
41	42	43	44	45	46	47	48	49	50
51	52	53	54	55	56	57	58	59	60
61	62	63	64	65	66	67	68	69	70
71	72	73	74	75	76	77	78	79	80
81	82	83	84	85	86	87	88	89	90
91	92	93	94	95	96	97	98	99	100

2

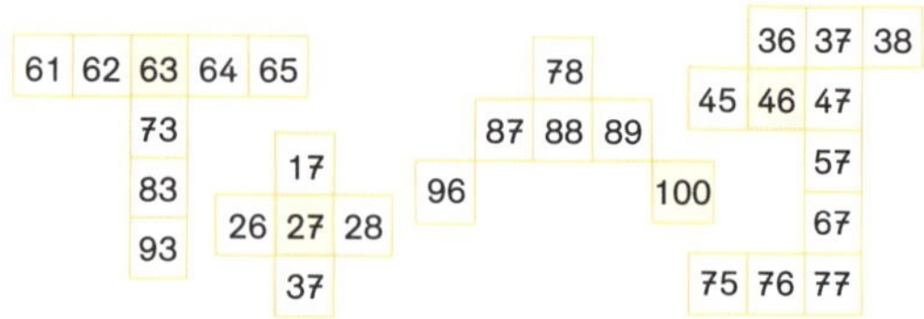

Seite 9

3 57, 25
4 Kuh: 63 Schaf: 36 Huhn: 33

Seite 10

1 42, 44, 46, 48, 50, 52, 54, 56, 58, 60
21, 23, 25, 27, 29, 31, 33, 35, 37, 39
2

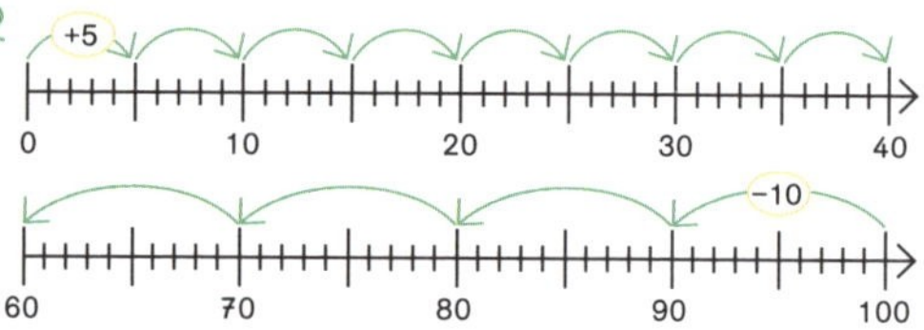

3 + 2: 18, 20, 22, 24, 26, 28, 30, 32
– 10: 99, 89, 79, 69, 59, 49, 39, 29
– 3: 40, 37, 34, 31, 28, 25, 22, 19
+ 2, – 1: 5, 7, 6, 8, 7, 9, 8, 10, 9

Seite 11

1 10 + 90, 50 + 50, 0 + 100, 80 + 20,
60 + 40, 70 + 30
2 ● 20 + 50, 40 + 30, 0 + 70, 60 + 10
● 50 + 40, 10 + 80, 20 + 70, 60 + 30
3

Seite 12

1 + 1, + 7, + 5, + 5
+ 3, + 4, + 4, + 2
2 3 + 5 = 8 2 + 7 = 9 14 + 4 = 8
13 + 5 = 18 22 + 7 = 29 64 + 4 = 68
23 + 5 = 28 52 + 7 = 59
33 + 5 = 38 62 + 7 = 69
3 26 + 5 = 31
26 + 4 + 1 = 31
57 + 6 = 63
57 + 3 + 3 = 63

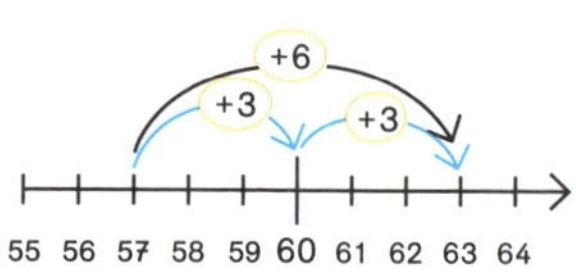

Seite 13

1 – 3, – 4, – 6, – 4
– 2, – 3, – 5, – 3

2 7 – 3 = 4 | 8 – 5 = 3 | 56 – 4 = 52
17 – 3 = 14 | 28 – 5 = 23 | 16 – 4 = 12
37 – 3 = 34 | 88 – 5 = 83 | 66 – 4 = 62
47 – 3 = 44 | 48 – 5 = 43 | 46 – 4 = 42

3 31 – 5 = 26
31 – 1 – 4 = 26
56 – 7 = 49
56 – 6 – 1 = 49

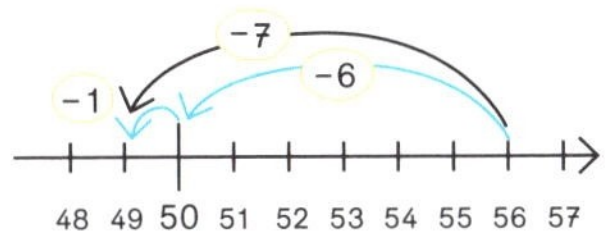

Seite 14

1 7 + 8 = 15 | 9 + 4 = 13
8 + 7 = 15 | 4 + 9 = 13
15 – 8 = 7 | 13 – 4 = 9
15 – 7 = 8 | 13 – 9 = 4

2

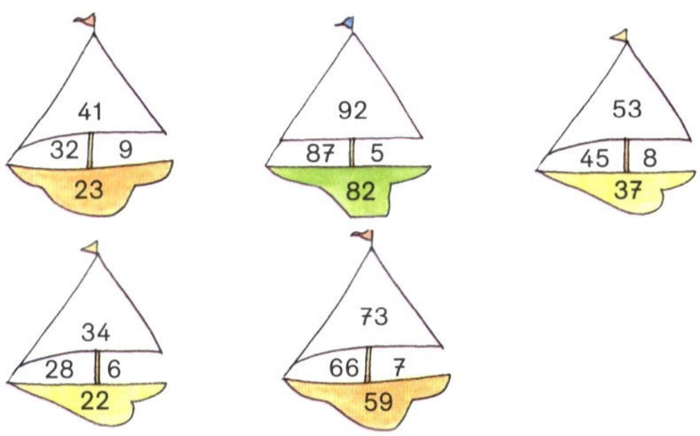

Seite 15

1

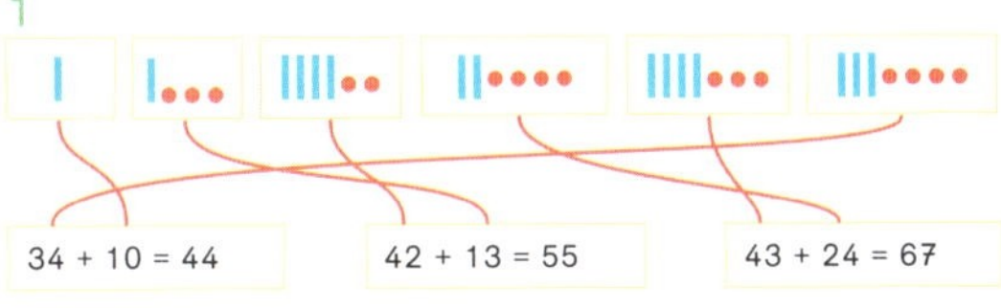

2

Seite 16

3 26 + 13 = 39
62 + 24 = 86 | 37 + 31 = 68
53 + 46 = 99 | 75 + 22 = 97

4 15 + 23 > 16 | 57 + 11 = 68
42 + 36 < 88 | 65 + 22 > 77
81 + 12 > 39 | 25 + 31 = 56

Seite 17

1 44 – 21 = 23
38 – 16 = 22

2 8 7 4 5 0
6 3 2 1
87 – 74 = 13 | 38 – 17 = 21
76 – 11 = 65 | 63 – 43 = 20

Seite 18

3

5	13	16	21	61	64
F	L	I	E	G	E

Seite 19

1

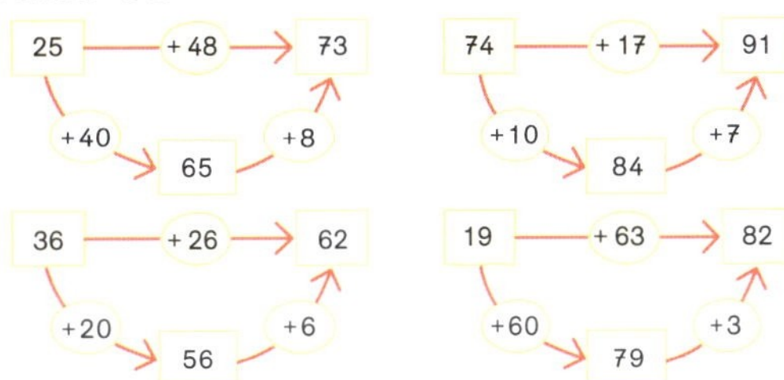

Seite 20

2 18 + 37 = 55 | 46 + 28 = 74
34 + 28 = 62 | 25 + 19 = 44
48 + 43 = 91 | 27 + 55 = 82

Seite 21

1

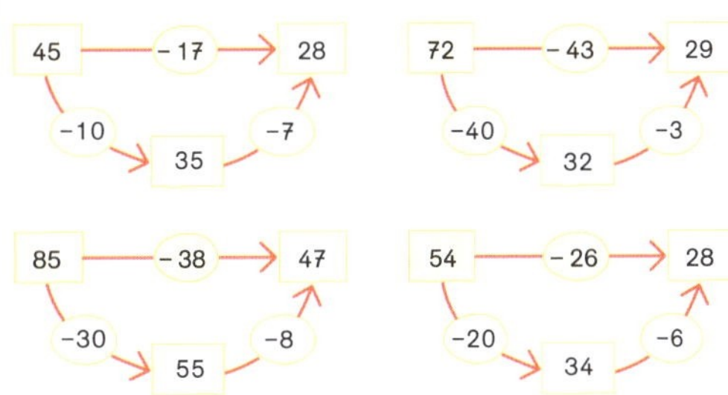

Seite 22

2 28 – 19 = 9 | 73 – 28 = 45
72 – 16 = 56 | 64 – 47 = 17
35 – 19 = 16 | 95 – 56 = 39

Seite 23

1 

62 + 14 = 76 | 96 − 73 = 23
35 + 44 = 79 | 44 − 13 = 31
47 + 11 = 58 | 41 − 29 = 12
53 + 25 = 78 | 84 − 65 = 19
47 + 18 = 65 | 56 − 27 = 29
38 + 26 = 64 | 63 − 35 = 28

Seite 24

2

17	19	25	31	34	42	54	68	72	85	93
S	C	H	A	T	Z	K	A	R	T	E

3 13 − 5 = 8 | 12 + 5 + 4 = 21
36 − 7 = 29 | 20 − 7 + 5 = 18
42 + 9 = 51 | 63 − 5 + 4 = 62

4 15 + 85 | 81 + 19
27 + 73 | 96 + 4
43 + 57 | 36 + 64

5 Nur diese Aufgaben sind richtig:
21 + 14 = 35 | 91 − 27 = 64
52 − 17 = 35
38 + 34 = 72 | 80 − 22 = 58 | 100 − 51 = 49
51 + 21 = 72 | 21 + 37 = 58 | 15 + 34 = 49

Seite 26

1 3 + 3 + 3 + 3 = 12 | 4 · 3 = 12
5 + 5 + 5 + 5 = 20 | 4 · 5 = 20

2 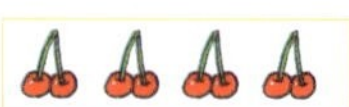 

2 + 2 + 2 + 2 = 8 | 5 + 5 + 5 = 15
4 · 2 = 8 | 3 · 5 = 15

Seite 27

1 1 · 1 = 1 | 6 · 6 = 36
2 · 2 = 4 | 7 · 7 = 49
3 · 3 = 9 | 8 · 8 = 64
4 · 4 = 16 | 9 · 9 = 81
5 · 5 = 25 | 10 · 10 = 100

2 5 · 5 = 25 | 4 · 4 = 16
4 · 5 = 20 | 3 · 4 = 12
5 · 4 = 20 | 4 · 3 = 12
3 · 3 = 9 | 4 · 4 = 16
4 · 3 = 12 | 5 · 4 = 20
3 · 4 = 12 | 4 · 5 = 20

Seite 28

1 5 · 10 = 50 | 7 · 10 = 70
2 · 10 = 20 | 3 · 10 = 30

2 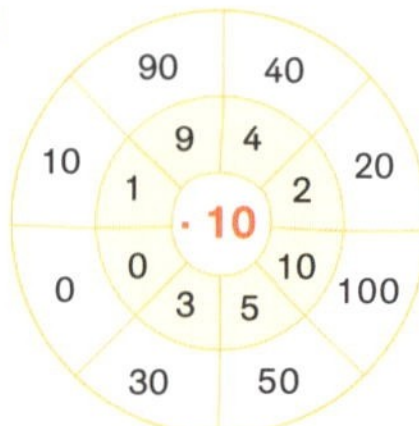

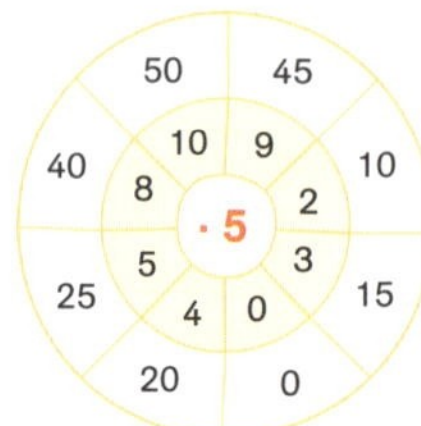

3 5, 10, 15, 20, 25, 30, 35, 40, 45, 50

Seite 29

1 

0 → 2 → 4 → 6 → 8 → 10 → 12 → 14 → 16 → 18 → 20

2 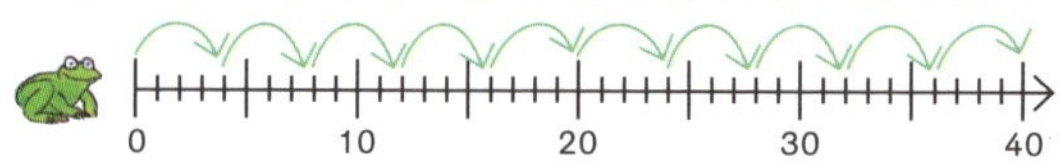

0 → 4 → 8 → 12 → 16 → 20 → 24 → 28 → 32 → 36 → 40

3 1 · 8 = 8 | 4 · 8 = 32
2 · 8 = 16 | 5 · 8 = 40
3 · 8 = 24 | 6 · 8 = 48

4 ● 2, 4, 6, 8, 10, 12, 14, 16, 18, 20
● 4, 8, 12, 16, 20 | ● 8, 16

Seite 30

1 Diese Zahlen kreist du ein:
3, 6, 9, 12, 15, 18, 21, 24, 27, 30

2 1 · 6 = 6 | 6 · 6 = 36
2 · 6 = 12 | 7 · 6 = 42
3 · 6 = 18 | 8 · 6 = 48
4 · 6 = 24 | 9 · 6 = 54
5 · 6 = 30 | 10 · 6 = 60

3 9, 18, 27, 36, 45, 54, 63, 72, 81, 90

Mein Übungsheft

Jedes Heft: € [D] 8,00 / € [A] 8,30

ISBN 978-3-7886-2481-1

ISBN: 978-3-7886-2439-2

ISBN: 978-3-7886-2500-9

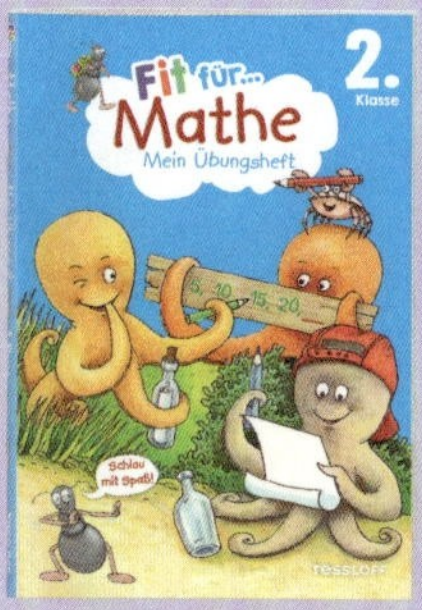

ISBN: 978-3-7886-2485-9

ISBN: 978-3-7886-2457-6

ISBN: 978-3-7886-2458-3

ISBN: 978-3-7886-2501-6

ISBN 978-3-7886-2482-8

ISBN 978-3-7886-2442-2

ISBN 978-3-7886-2476-7

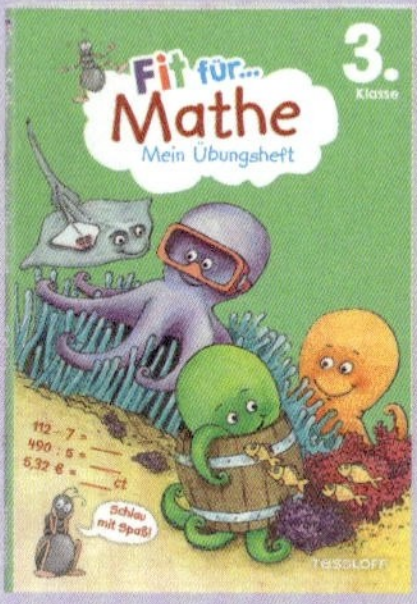

ISBN 978-3-7886-2486-6

ISBN 978-3-7886-2478-1

ISBN 978-3-7886-2483-5

ISBN 978-3-7886-2477-4

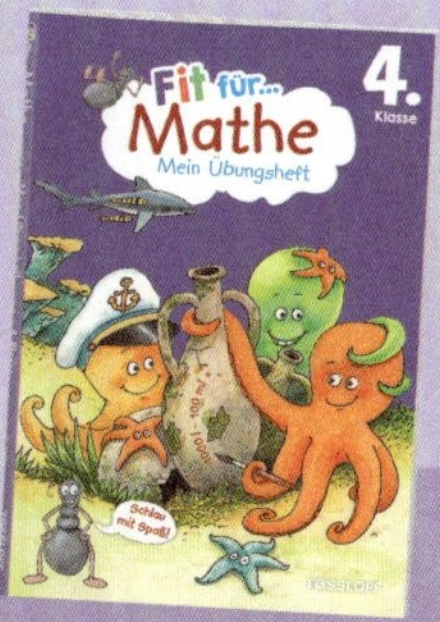

ISBN 978-3-7886-2487-3

ISBN: 978-3-7886-2479-8

Seite 31

1

Wochen	1	2	3	4	5	6	7	8	9	10
Tage	7	14	21	28	35	42	49	56	63	70

2 Das Käsestück mit der Zahl **45** bleibt übrig.

3 3 · 7 = 21 6 · 7 = 42
7 · 3 = 21 7 · 6 = 42
4 · 7 = 28 2 · 7 = 14
7 · 4 = 28 7 · 2 = 14

Seite 34

1 5 · 8 = 40 2 · 7 = 14
9 · 5 = 45 9 · 4 = 36

2 5, 10, 15, 20, 25, 40, 45, 50
6, 12, 18, 24, 48, 36, 54
7, 14, 21, 28
2, 3, 9, 11, 4, 8, 13

Seite 35

1

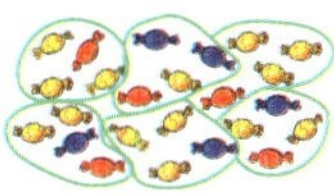

24 : 4 = 6
6 · 4 = 24

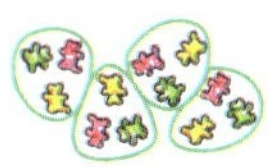

12 : 3 = 4
4 · 3 = 12

8 : 2 = 4
4 · 2 = 8

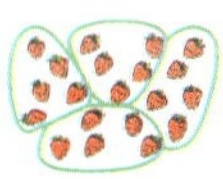

20 : 5 = 4
4 · 5 = 20

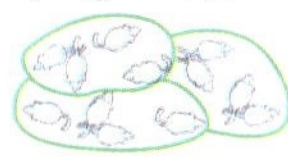

12 : 4 = 3
3 · 4 = 12

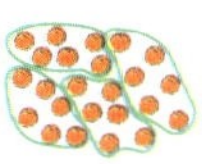

24 : 6 = 4
4 · 6 = 24

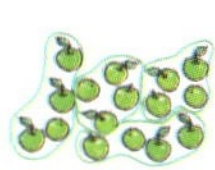

16 : 4 = 4
4 · 4 = 16

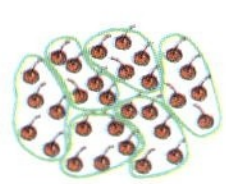

30 : 5 = 6
6 · 5 = 30

Seite 36

1 3 · 5 = 15 15 : 5 = 3
5 · 3 = 15 15 : 3 = 5
2 · 6 = 12 12 : 6 = 2
6 · 2 = 12 12 : 2 = 6

2 5 · 4 = 20 6 · 5 = 30
4 · 5 = 20 5 · 6 = 30
20 : 4 = 5 30 : 5 = 6
20 : 5 = 4 30 : 6 = 5

Seite 37

1 20 : 2 = 10 7 : 7 = 1 64 : 8 = 8
40 : 5 = 8 15 : 3 = 5 14 : 2 = 7
12 : 2 = 6 16 : 8 = 2 70 : 7 = 10
9 : 3 = 3 20 : 5 = 4 30 : 5 = 6
14 : 7 = 2 30 : 10 = 3 12 : 6 = 2
15 : 5 = 3 8 : 4 = 2 25 : 5 = 5
18 : 2 = 9 35 : 5 = 7 16 : 4 = 4

2 50 : 10 = 5 49 : 7 = 7
45 : 5 = 9 16 : 8 = 2
Die Zahl **12** bleibt übrig.

Seite 38

1

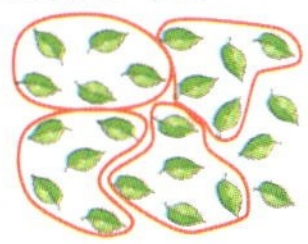

20 : 5 = 4 18 : 6 = 3
23 : 5 = 4 R 3 22 : 6 = 3 R 4

2 kein Rest: 12 : 6, 35 : 7
Rest 2: 38 : 6, 66 : 8, 27 : 5
Rest 3: 38 : 5, 53 : 5, 21 : 9

Seite 39

1 Diese Zahlen fügst du hinzu:
15, 20, 35, 40, 45 1, 9, 16, 36, 64

2

+	15	36	32
54	69	90	86
26	41	62	58
46	61	82	78

·	7	8	3
5	35	40	15
8	56	64	24
9	63	72	27

−	14	36	16
64	50	28	48
65	51	29	49
42	28	6	26

Seite 40

3 Ergebnis 6: 66 − 60, 36 : 6, 82 − 76, 30 : 5
Ergebnis 81: 42 + 39, 9 · 9, 58 + 23, 99 − 18
Ergebnis 63: 35 + 28, 87 − 24, 7 · 9, 100 − 37

4

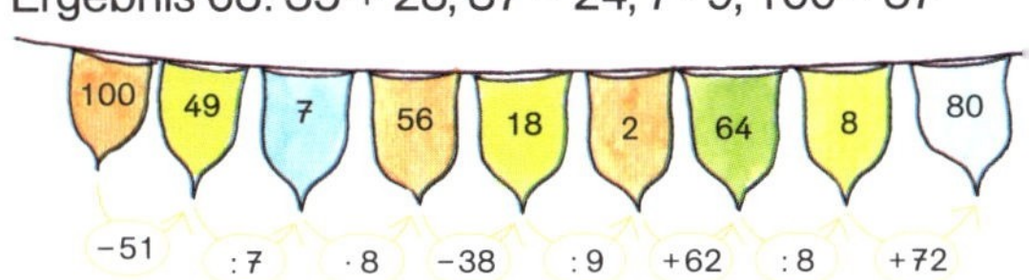

Seite 41

5

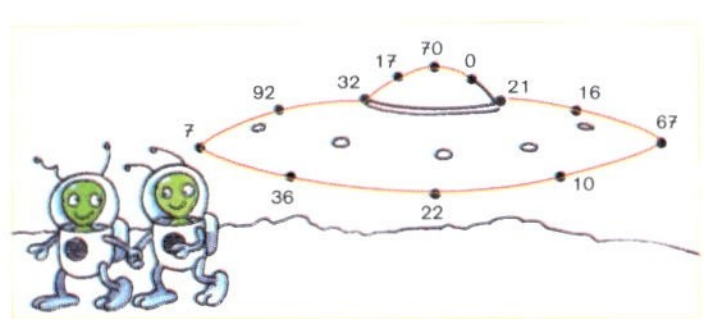

Seite 42

6 6 · 6 = 36 → 49 : 7 = 7 → 43 – 24 = 19
→ 67 + 15 = 82 → 49 + 13 = 62 →
63 – 45 = 18 → 5 · 9 + 11 = 56

Seite 43

7 4 · 3 = 24 – 12
36 + 13 < 8 · 7
52 – 28 < 5 · 5
83 – 34 = 27 + 22

8

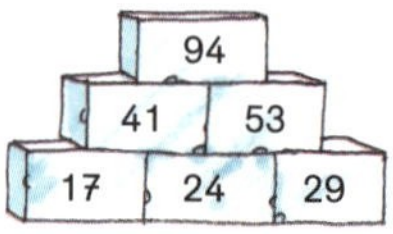

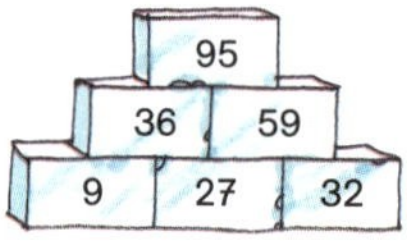

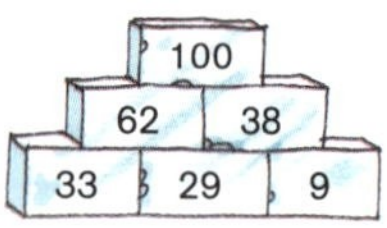

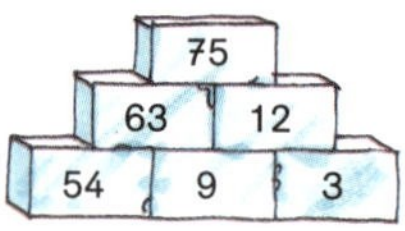

Seite 44

1 7 Tage = 1 Woche — 24 Stunden = 1 Tag
2 Wochen = 14 Tage — 12 Monate = 1 Jahr

2 11.15 Uhr — 9.30 Uhr
23.15 Uhr — 21.30 Uhr

12.00 Uhr — 14.25 Uhr
24.00 Uhr — 2.25 Uhr
(oder: 0.00 Uhr)

Seite 45

3

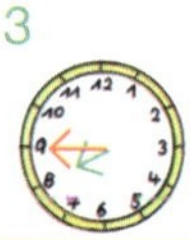
19.45 Uhr

3.05 Uhr

22.10 Uhr

5.55 Uhr

zehn Minuten nach drei

halb sechs

viertel nach fünf

zwanzig Minuten vor sieben

Seite 46

4

Platz	Uhrzeit	Name
1.	10.30 Uhr	Maike
2.	10.45 Uhr	Ali
3.	10.50 Uhr	Ole
4.	10.55 Uhr	Tom
5.	11.05 Uhr	Olga

5 halb fünf = 16.30 Uhr = 

halb zwölf = 11.30 Uhr = 

halb elf = 10.30 Uhr = 

halb eins = 12.30 Uhr = 

Seite 47

6 + 15 min + 45 min + 30 min + 60 min

Seite 48

1 5 € 45 ct, 12 € 10 ct, 0 € 91 ct
6 € 5 ct, 52 € 2 ct, 20 € 44 ct

2 12 € 50 ct: 10 €, 2 €, 50 ct
43 € 71 ct: 20 €, 20 €, 2 €, 1 €, 50 ct, 20 ct, 1 ct

Seite 49

3/4

€		ct		
Z	E	Z	E	
0	7	4	2	→ 7,42 €
0	0	7	6	→ 0,76 €
5	5	0	0	→ 55,00 €
2	0	0	1	→ 20,01 €

Seite 50

5 85 ct < 2 € 50 ct < 5,20 € < 8,05 €
100 € > 21 € 1 ct > 11,02 € > 0,01 €

6 50 ct + 50 ct + 20 ct = 1,20 €
20 ct + 20 ct + 20 ct + 20 ct + 20 ct + 20 ct = 1,20 €
Luca hat 2 Möglichkeiten.

Seite 51

7 Rückgeld: 5 ct

Rückgeld: 2 € 1 €

8 8,08 € = 8 € 8 ct
6,60 € = 6 € 60 ct
6,86 € = 6 € 86 ct
4,07 € = 4 € 7 ct
4,87 € = 4 € 87 ct
Der Betrag **47 ct** bleibt übrig.

Seite 52

1 Glitschgo:
4 cm + 2 cm + 2 cm + 2 cm = 10 cm
Schlonso:
2 cm + 3 cm + 3 cm + 1 cm = 9 cm
Lurchi:
3 cm + 1 cm + 4 cm + 4 cm = 12 cm
Speedy:
3 cm + 1 cm + 2 cm + 4 cm = 10 cm
Schlonso hat den kürzesten Weg.

Seite 53

2

1 m	1 m	1 m	1 m	1 m	1 m
50 cm	65 cm	77 cm	58 cm	99 cm	0 cm
50 cm	35 cm	23 cm	42 cm	1 cm	100 cm

3 2 m 24 cm > 2 m 2 cm
6 m 16 cm < 16 m 6 cm
30 cm < 3 m

6 m 15 cm < 7 m 15 cm
1 m 99 cm < 11 m
5 m 5 cm < 5 m 50 cm

4

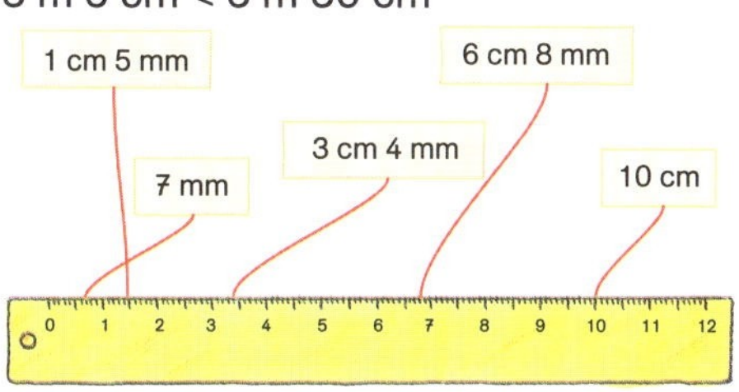

Seite 54

5 Gemessen: 5 cm, 3 cm, 6 cm
6 Kenin: 1 m 28 cm
Melina: 1 m 35 cm
Levi: 1 m 32 cm

Seite 55

1 6 + 8 = 14 10 + 6 + 8 = 24 2 + 9 = 11
Anna und Max bringen gemeinsam 14 Muffins mit.
Auf der Party gibt es insgesamt 24 Muffins.
Es sind 11 Gäste zur Gruselparty eingeladen.

Seite 56

2 Bei der zweiten und dritten Frage rechnest du.
3 **F:** Wie viele Dosen bekommt jeder Hund?
R: 24 : 6 = 4
A: Jeder Hund bekommt 4 Dosen.

Seite 57

4 Es sind 28 Beine.
Es sind 5 Affen.
Es sind 21 Pinguine.
5 **R:** 16 € + 7 € = 23 €
50 € – 23 € = 27 €
A: Carla bekommt 27 € zurück.

Seite 58

R: 47 + 32 = 79
A: Sie haben 79 Muscheln gefunden.

R: 42 min – 35 min = 7 min
A: Pinar muss 7 min auf Ole warten.

R: 5 · 3 = 15
A: Leni muss 15 Kugeln Eis bezahlen.

Seite 59

R: 4 · 2 € = 8 € 8 € – 2,50 € = 5,50 €
A: Marie hat nun noch 5,50 €.

R: 38 € – 23 € = 15 € 15 € : 3 € = 5
A: Simon kann sich das Auto nach 5 Wochen kaufen.

Seite 60

6

Schafe	Hühner	Ponys	Schweine	Katzen
10	8	2	6	3

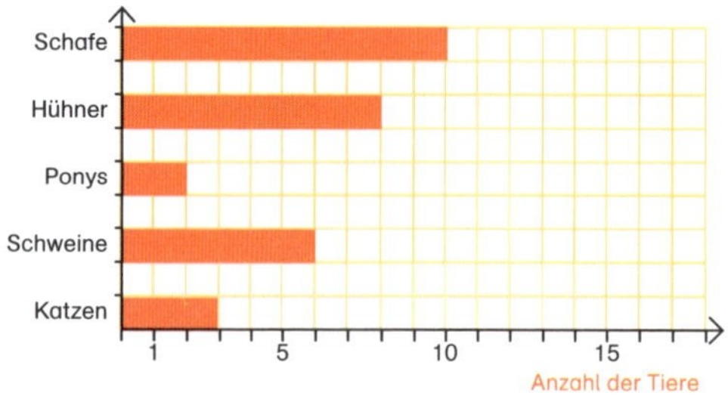

Diese Sätze sind richtig:
Es sind mehr Schweine als Katzen.
Es gibt am meisten Schafe.

Seite 61

1 13 ist keine gerade Zahl.
20 gehört nicht zur 3er-Reihe.
46 hat nicht 4 Einer.

Seite 62

2 20 : 5 = 4
4 : 2 = 2
Meine Zahl: 2

5 · 2 = 10
10 + 15 = 25
Meine Zahl: 25

0 + 100 = 100
10 · 10 = 100
Meine Zahl: 10

5 + 3 = 8
8 · 2 = 16
Meine Zahl: 16

Seite 63

3

2	9	7
11	6	1
5	3	10

23	16	21
18	20	22
19	24	17

5	12	10
14	9	4
8	6	13

4

3	·	2	·	6	=	36
·		·		·		
3	·	4	·	2	=	24
·		·		·		
5	·	9	·	2	=	90
=		=		=		
45		72		24		

2	·	4	·	6	=	48
·		·		·		
3	·	5	·	1	=	15
·		·		·		
7	·	2	·	2	=	28
=		=		=		
42		40		12		

Seite 64

5 27, 9, 14, 31
6 Lösungswort: PROFI

Gemischte Malaufgaben

1 Du erhältst die Zahl im Stamm, wenn du immer zwei Kokosnüsse miteinander malnimmst. Lass nur diese beiden stehen und streiche die anderen durch.

2 Zu welchem Einmaleins gehört die Zahl?
Male die Felder an: Einmaleins mit ... 5: 6: 7:
Keine von diesen Einmaleinsreihen:

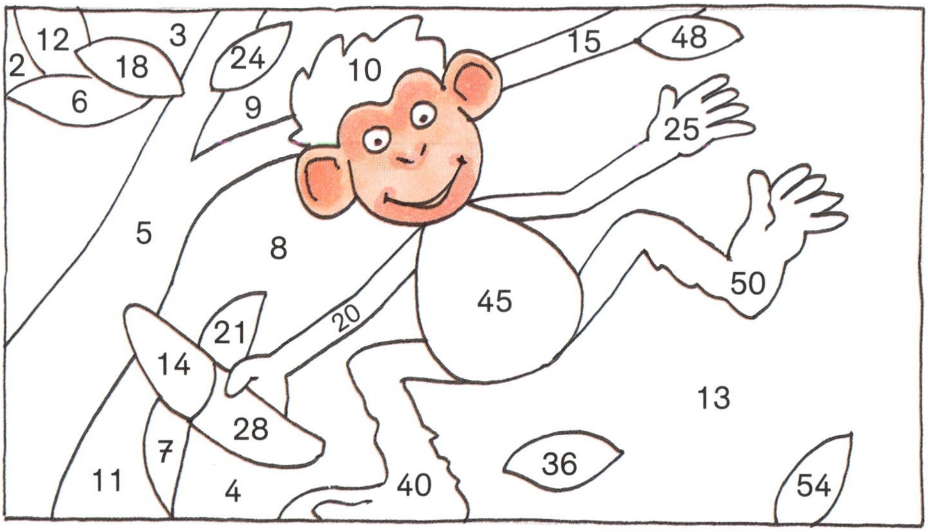

Mengen aufteilen

1 Kreise ein und rechne aus.

24 : 4 = ____

____ · 4 = 24

12 : 3 = ____

____ · 3 = 12

8 : 2 = ____

____ · 2 = 8

20 : 5 = ____

____ · 5 = 20

12 : 4 = ____

____ · 4 = 12

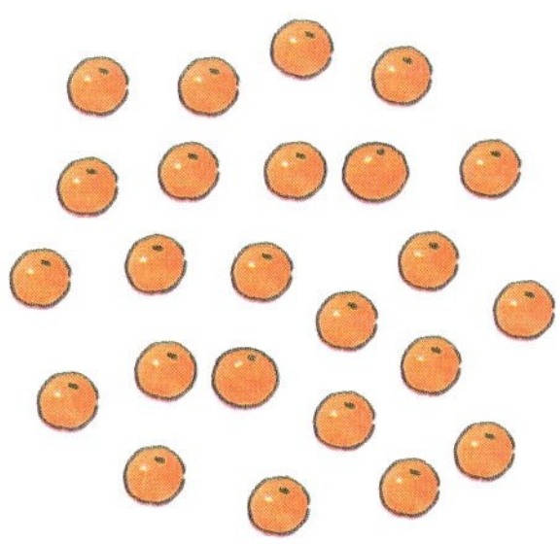

24 : 6 = ____

____ · 6 = 24

16 : 4 = ____

____ · 4 = 16

30 : 5 = ____

____ · 5 = 30

Tausch- und Umkehraufgaben rechnen

1 Bilde die Tausch- und Umkehraufgaben.

3 · 5 = ___ ⟷ (U) ___ : 5 = 3

5 · 3 = ___ ___ : ___ = ___

2 · 6 = ___ ⟷ (U) ___ : ___ = ___

6 · ___ = ___ ___ : ___ = ___

2 Finde nun selbst alle vier Aufgaben und rechne aus.

5 · 4 = ___ ___ · ___ = ___

___ · ___ = ___ ___ · ___ = ___

___ : ___ = ___ ___ : ___ = ___

___ : ___ = ___ ___ : ___ = ___

Geteiltaufgaben üben

1 Löse die Aufgaben.

20 : 2 = ____	7 : 7 = ____	64 : 8 = ____
40 : 5 = ____	15 : 3 = ____	14 : 2 = ____
12 : 2 = ____	16 : 8 = ____	70 : 7 = ____
9 : 3 = ____	20 : 5 = ____	30 : 5 = ____
14 : 7 = ____	30 : 10 = ____	12 : 6 = ____
15 : 5 = ____	8 : 4 = ____	25 : 5 = ____
18 : 2 = ____	35 : 5 = ____	16 : 4 = ____

2 Immer drei Zahlen bilden zusammen eine Geteiltaufgabe. Male sie in der gleichen Farbe an. Eine Zahl bleibt übrig. Sie verrät dir, wo der Schatz liegt.

Geteiltaufgaben mit Rest

1 Kreise ein und rechne aus.

20 : 5 = ____

23 : 5 = ____ R ____

18 : 6 = ____

22 : 6 = ____ R ____

2 Rechne die Aufgaben im Kopf und verbinde sie mit der richtigen Truhe.

12 : 6 | 38 : 6 | 38 : 5 | 66 : 8

53 : 5 | 35 : 7 | 27 : 5 | 21 : 9

Gemischte Aufgaben

1 Welche Ergebnisse sind möglich? Ergänze.

Malaufgaben mit 5:

5 10 30 ___ ___ ___ 50 25 ___ ___

Quadrataufgaben:

4 ___ 100 ___ 25 ___ 49 ___ 81 ___

2 Ergänze alle fehlenden Zahlen.

+	15	36	
54			86
26			
	61		

•	7		3
5		40	
8			
			27

–	14	36	
64			
65			49
	28		

Gemischte Aufgaben

3 Rechne aus. Male alle Kästchen mit gleichen Ergebnissen gleich an.

66 − 60 = ____	9 · 9 = ____
42 + 39 = ____	58 + 23 = ____
35 + 28 = ____	82 − 76 = ____
36 : 6 = ____	100 − 37 = ____
87 − 24 = ____	99 − 18 = ____
7 · 9 = ____	30 : 5 = ____

4 Rechne immer weiter. Schreibe die Ergebnisse in die Fähnchen.

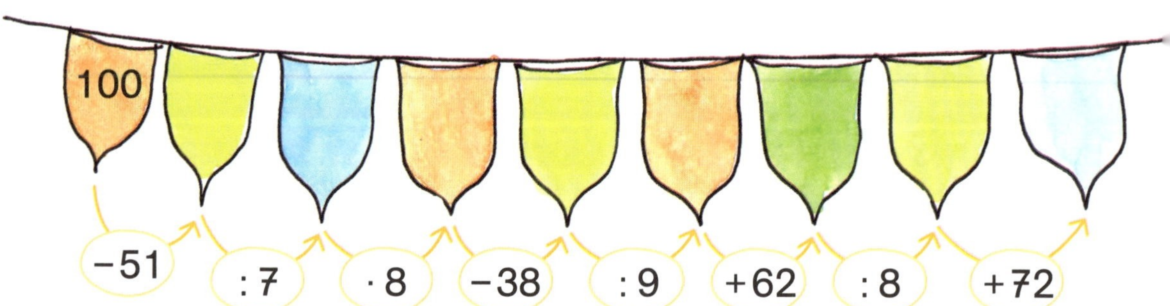

Gemischte Aufgaben

5 Rechne aus und verbinde die Ergebnisse in der Reihenfolge der Aufgaben.

a) 7 · 3 = ______

b) 24 − 8 = ______

c) 36 + 31 = ______

d) 100 : 10 = ______

e) 44 − 22 = ______

f) 71 − 35 = ______

g) 35 : 5 = ______

h) 45 + 47 = ______

i) 4 · 8 = ______

j) 7 + 10 = ______

k) 10 · 7 = ______

l) 0 · 35 = ______

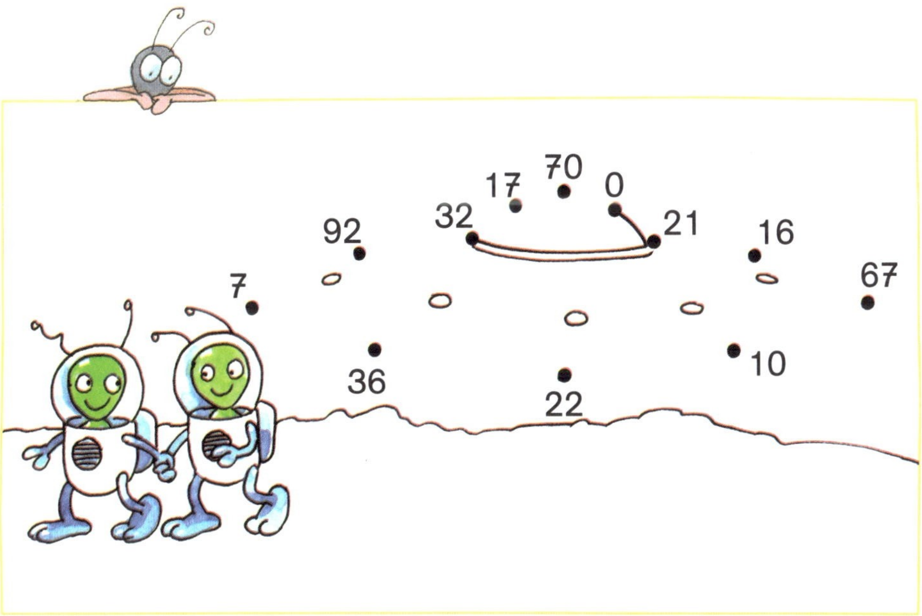

Gemischte Aufgaben

6 Beginne bei Start. Mache die Übung und löse die Aufgabe darunter. Fliege dann zur Blume mit dem richtigen Ergebnis. Hier geht es weiter.

Kreise deine Arme!

6 · 6 = ____

Mache 15 Kniebeugen!

____ + 13 = 62

Bewege dich wie ein Regenwurm!

63 – ____ = 18

Atme den süßen Blumenduft tief ein und aus!

5 · 9 + 11 = ____

Summe wie eine Biene!

49 : ____ = 7

Gehe rückwärts auf den Fersen!

67 + 15 = ____

Geschafft! Mache einen Freudensprung in die Luft!

Hüpfe wie ein Frosch!

43 – 24 = ____

Gemischte Aufgaben

7 <, >, =? Trage das passende Rechenzeichen ein.

$4 \cdot 3$ ☐ $24 - 12$

$36 + 13$ ☐ $8 \cdot 7$

$52 - 28$ ☐ $5 \cdot 5$

$83 - 34$ ☐ $27 + 22$

8 Fülle die Zahlenmauern.

	☐	
41	☐	
17	24	29

	☐	
☐	☐	
9	27	32

	100	
☐	38	
33	☐	☐

	75	
☐	12	
54	☐	3

Rechnen mit Zeit

1 Immer zwei Zeitspannen sind gleich lang. Male sie gleichfarbig an.

7 Tage	24 Stunden	1 Woche	1 Tag
2 Wochen	12 Monate	1 Jahr	14 Tage

2 Schreibe zu jeder Uhr die Tages- und die Nachtzeit auf.

11.15 Uhr

23.15 Uhr

Rechnen mit Zeit

3 Zeichne den Stundenzeiger grün und den Minutenzeiger rot ein.

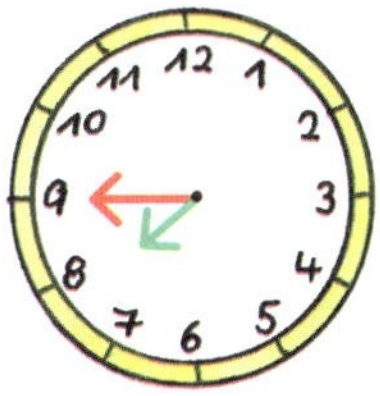

19.45 Uhr

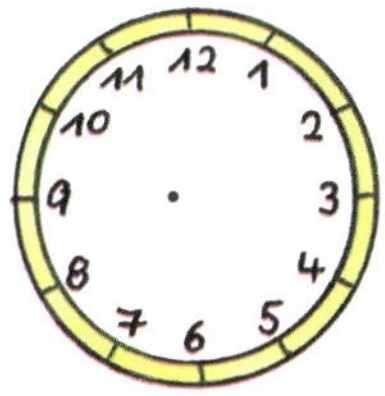

3.05 Uhr

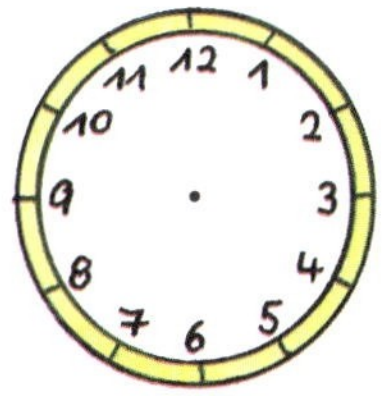

22.10 Uhr

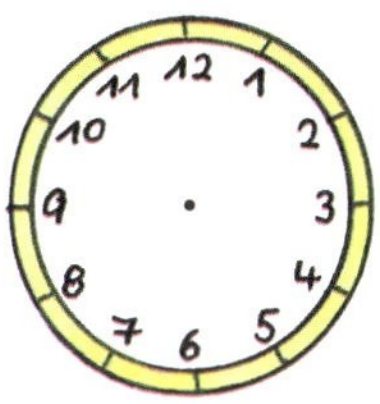

5.55 Uhr

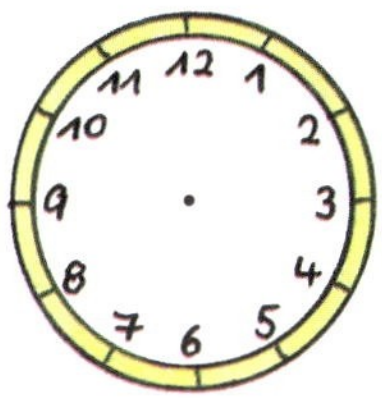

zehn Minuten nach drei

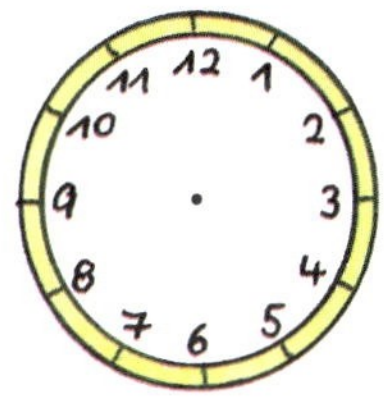

halb sechs

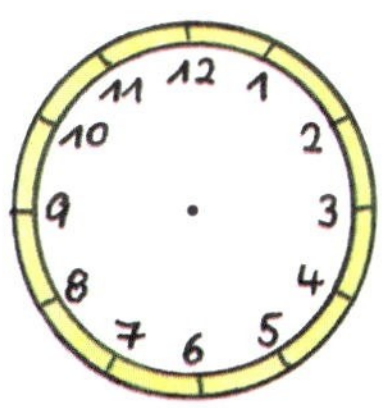

viertel nach fünf

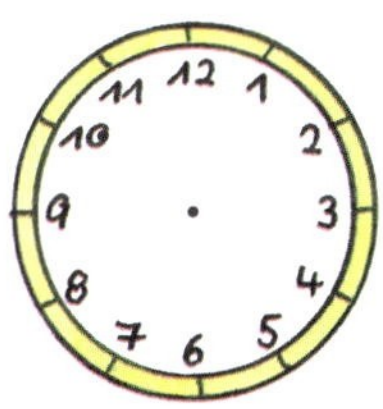

zwanzig Minuten vor sieben

Rechnen mit Zeit

4 Hier siehst du, wann die Läufer beim Stadtlauf ans Ziel gekommen sind. Wer war zuerst da? Trage die Namen mit den Uhrzeiten der Reihe nach ein.

Tom

Ole

Maike

Olga

Ali

Platz	Uhrzeit	Name
1.		
2.		
3.		
4.		
5.		

5 Male immer drei gleiche Uhrzeiten gleichfarbig an.

halb fünf

16.30 Uhr

halb elf

halb zwölf

12.30 Uhr

10.30 Uhr

11.30 Uhr

halb eins

Rechnen mit Zeit

6 Wie lange dauert es?

Tanja fährt von 7.25 Uhr bis 7.40 Uhr zur Schule.

7.25 Uhr ——— (+   min) ———→ 7.40 Uhr

Nina ist von 14.30 Uhr bis 15.15 Uhr beim Balletttraining.

14.30 Uhr ——— (   ) ———→ 15.15 Uhr

Mia hat von 15.45 Uhr bis 16.15 Uhr Gitarrenunterricht.

15.45 Uhr ——— (   ) ———→ 16.15 Uhr

Papa war von 13.15 Uhr bis 14.15 Uhr einkaufen.

13.15 Uhr ——— (   ) ———→ 14.15 Uhr

Rechnen mit Geld

1 Wie viel Geld haben die Kinder gespart?

Jonas

_____ € _____ ct

Kathrin

_____ € _____ ct

Vincenzo

_____ € _____ ct

Silvia

_____ € _____ ct

Laura

_____ € _____ ct

Anton

_____ € _____ ct

2 Zeichne den Betrag in Scheinen und Münzen. Verwende so wenig Scheine und Münzen, wie möglich.

12 € 50 ct

10 €

43 € 71 ct

Rechnen mit Geld

3 Trage Euro und Cent in die Stellenwerttafel ein.

€		ct	
Z	E	Z	E
0	7	4	2

4 Schreibe die Beträge von Aufgabe 3 mit Komma.

→ 7,42 €

→ ______

→ ______

→ ______

Rechnen mit Geld

5 Ordne der Größe nach. Achte auf das Größer- und Kleinerzeichen!

2 € 50 ct	85 ct	8,05 €	5,20 €

_____ < _____ < _____ < _____

0,01 €	100 €	21 € 1 ct	11,02 €

_____ > _____ > _____ > _____

6 Eine Tüte Gummibärchen kostet am Kiosk 1,20 €.
Luca hat nur 50 ct-Münzen und 20 ct-Münzen.
Welche Möglichkeiten hat er, den Betrag passend zu bezahlen?

50 ct + _____

_____

_____

_____

_____

Luca hat _____ Möglichkeiten.

Rechnen mit Geld

7 Jana kauft ein. Wie viel Geld bekommt sie jeweils zurück? Zeichne die Münzen oder Scheine.

19,95 €

→  →

22 €

→  →

8 Male gleiche Beträge gleichfarbig an. Welcher Betrag bleibt übrig?

- 4 € 7 ct
- 8,08 €
- 6,86 €
- 8 € 8 ct
- 6,60 €
- 47 ct
- 4,87 €
- 6 € 60 ct
- 4 € 87 ct
- 4,07 €
- 6 € 86 ct

Rechnen mit Längen

1 Welche Schnecke hat den kürzesten Weg zur Schneckenversammlung? Miss nach, trage ein und rechne aus.

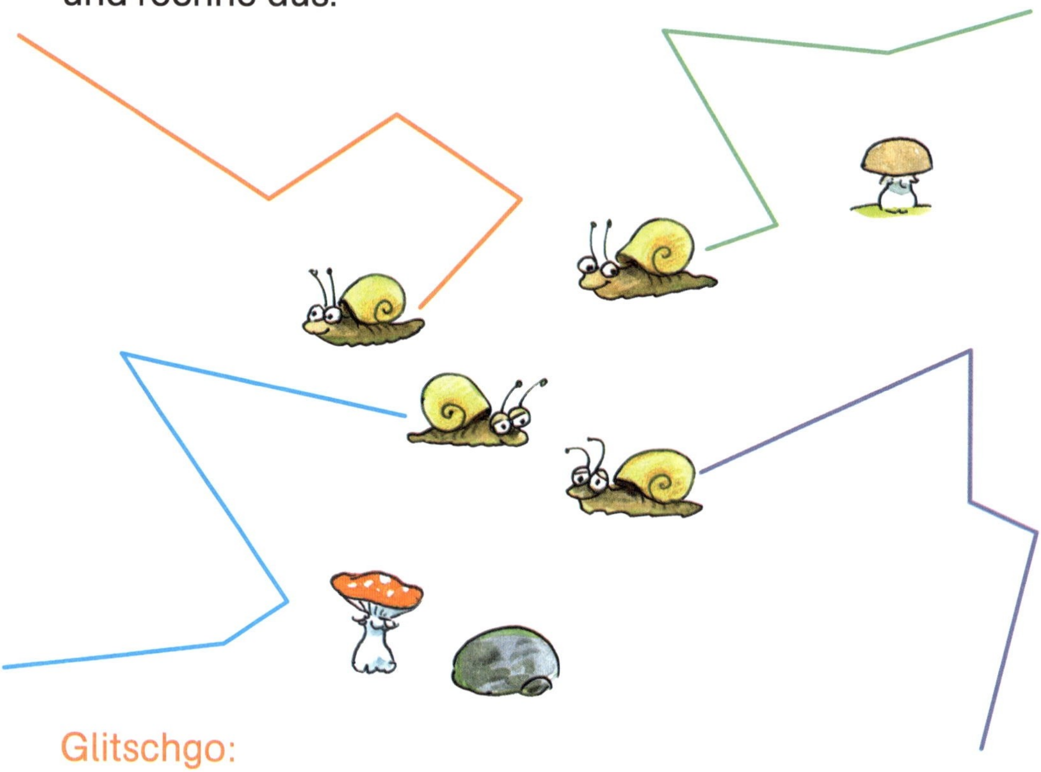

Glitschgo:

_____ cm + _____ cm + _____ cm + _____ cm = _____ cm

Schlonso:

_____ cm + _____ cm + _____ cm + _____ cm = _____ cm

Lurchi:

_____ cm + _____ cm + _____ cm + _____ cm = _____ cm

Speedy:

_____ cm + _____ cm + _____ cm + _____ cm = _____ cm

Rechnen mit Längen

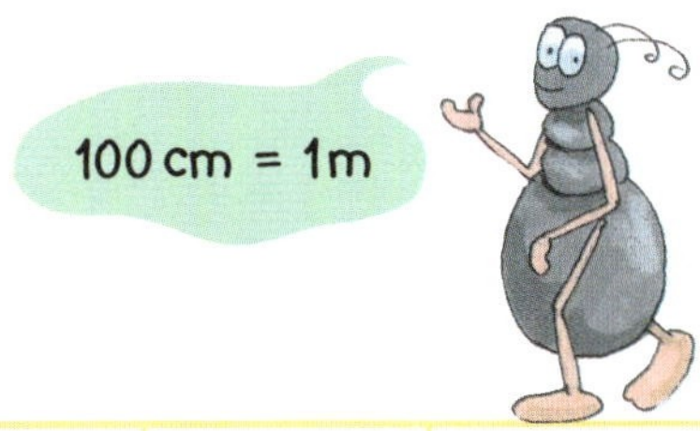

2 Ergänze auf einen Meter.

1 m	1 m	1 m	1 m	1 m	1 m
50 cm		77 cm		99 cm	
	35 cm		42 cm		100 cm

3 > oder <? Trage das richtige Zeichen ein.

2 m 24 cm ◯ 2 m 2 cm

6 m 15 cm ◯ 7 m 15 cm

6 m 16 cm ◯ 16 m 6 cm

1 m 99 cm ◯ 11 m

30 cm ◯ 3 m

5 m 5 cm ◯ 5 m 50 cm

4 Findest du die Längenangaben auf dem Lineal? Verbinde.

1 cm 5 mm

6 cm 8 mm

3 cm 4 mm

7 mm

10 cm

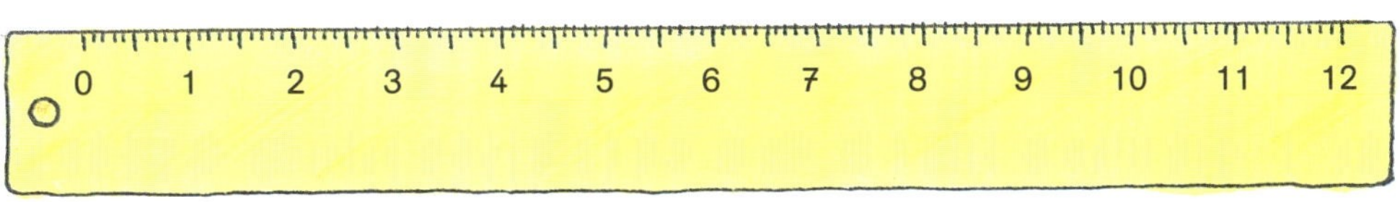

Rechnen mit Längen

5 Schätze die Länge der Pfeile zuerst und miss dann nach.

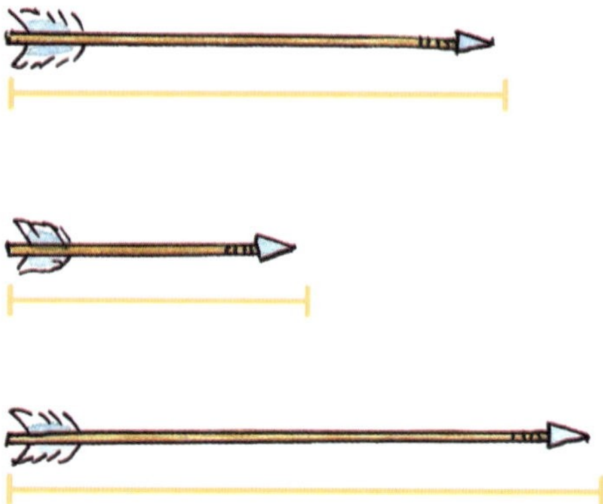

geschätzt	gemessen

6 Trage ein, wie groß die Kinder sind.

Kenin	Melina	Levi

Sachaufgaben im ZR bis 100 rechnen

1 Lies den Text und die Fragen. Male die passende Rechnung und Antwort in der richtigen Farbe an. Rechne aus.

Elif backt für ihre Gruselparty 10 grüne Muffins. Anna bringt noch 6 rote Muffins mit. Max hat 8 schwarze Muffins dabei. Außer Anna und Max kommen noch 9 weitere Kinder.

Wie viele Muffins bringen Anna und Max gemeinsam mit?

Wie viele Muffins gibt es auf der Party insgesamt?

10 + 6 + 8 = ____

Wie viele Gäste sind zur Gruselparty eingeladen?

6 + 8 = ____

Es sind ____ Gäste zur Gruselparty eingeladen.

Auf der Party gibt es insgesamt ____ Muffins.

Anna und Max bringen gemeinsam ____ Muffins mit.

2 + 9 = ____

Sachaufgaben im ZR bis 100 rechnen

2 Bei welchen Fragen musst du rechnen? Kreuze an.

Madita hat in ihrer Schatzkiste 43 Lakritzschnecken. Auf der Gruselparty gibt sie Anna 13 und Max 16 Lakritzschnecken. Madita isst selbst 9 Lakritzschnecken auf.

- ☐ Wie viele Lakritzschnecken waren am Anfang in der Schatzkiste?
- ☐ Wie viele Lakritzschnecken verschenkt Madita insgesamt?
- ☐ Wie viele Lakritzschnecken hat Madita noch übrig?
- ☐ Wie viele Lakritzschnecken schenkt sie Max?

3 Finde Frage (F), Rechnung (R) und Antwort (A).

Die Kiste mit Hundefutter soll für 6 Hunde reichen.

F:

R:

A:

Sachaufgaben im ZR bis 100 rechnen

4 Welcher Antwortsatz passt? Kreuze an.

An der Wasserstelle stehen 7 Elefanten.
Wie viele Elefantenbeine sind das insgesamt?

☐ Es sind 7 Elefanten. ☐ Es sind 28 Beine.
☐ Es sind 8 Beine.

Bei den Affen schwingen 20 Arme und Beine durch die Luft. Wie viele Affen turnen dort?

☐ Es sind 20 Affen. ☐ Es sind 5 Arme.
☐ Es sind 5 Affen.

15 Pinguine schwimmen im Wasser. 6 springen noch dazu. Wie viele Pinguine schwimmen nun im Wasser?

☐ Es sind 21 Pinguine. ☐ Es sind 15 Tiere.

5 Lies die Texte genau. Rechne aus und finde die Antwort.

Carla kauft sich ein Bastelset für 16 € und Glitzerstifte für 7 €. Sie bezahlt mit einem 50-€-Schein.

F: Wie viel Geld bekommt Carla zurück?

R:

A: Carla bekommt _____ € zurück.

Sachaufgaben im ZR bis 100 rechnen

Benedikt und Fabian sammeln am Strand Muscheln.
Benedikt findet 47 und Fabian 32.

F: Wie viele Muscheln haben sie gefunden?

R:

A: Sie haben _____ Muscheln gefunden.

Pinar und Ole machen Hausaufgaben im Hort. Pinar ist nach 35 Minuten fertig. Ole hat nach 42 Minuten alles geschafft.

F: Wie lange muss Pinar auf Ole warten?

R:

A: Pinar muss _____ min auf Ole warten.

Leni kauft für sich und ihre 4 Freundinnen Eis.
Jede bekommt 3 Kugeln.

F: Wie viele Kugeln Eis muss Leni bezahlen?

R:

A: Leni muss _____ Kugeln Eis bezahlen.

Sachaufgaben im ZR bis 100 rechnen

Marie bekommt jede Woche 2 € Taschengeld. Sie spart 4 Wochen lang. Dann kauft sie sich eine Zeitschrift für 2,50 €.

F: Wie viel Geld hat Marie nun noch?

R:

A:

Simon möchte sich gerne ein ferngesteuertes Auto für 38 € kaufen. Er hat bereits 23 € gespart. Jede Woche bekommt er 3 € Taschengeld.

F: Nach wie vielen Wochen kann sich Simon das Auto kaufen?

R:

A:

Sachaufgaben im ZR bis 100 rechnen

6 Sieh dir das Bild an und löse die Aufgaben.

Trage die Anzahl der Tiere in die Tabelle ein.

Schafe	Hühner	Ponys	Schweine	Katzen
		2		

Vervollständige das Balkendiagramm.

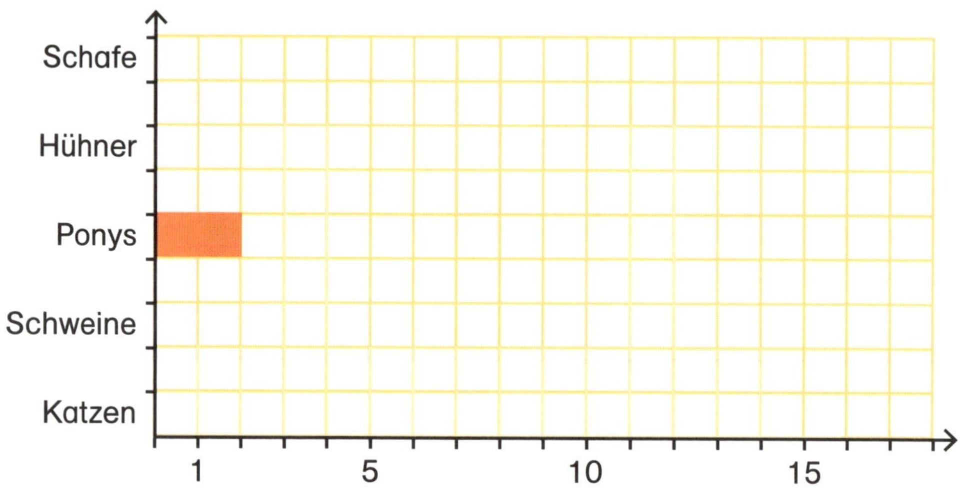

Kreuze an, was stimmt.

- ☐ Es sind mehr Schweine als Katzen.
- ☐ Es gibt am meisten Schafe.
- ☐ Es gibt gleich viele Hühner wie Ponys.

Knobelaufgaben

1 Welche Zahl passt jeweils nicht dazu? Streiche sie durch. Finde eine Begründung.

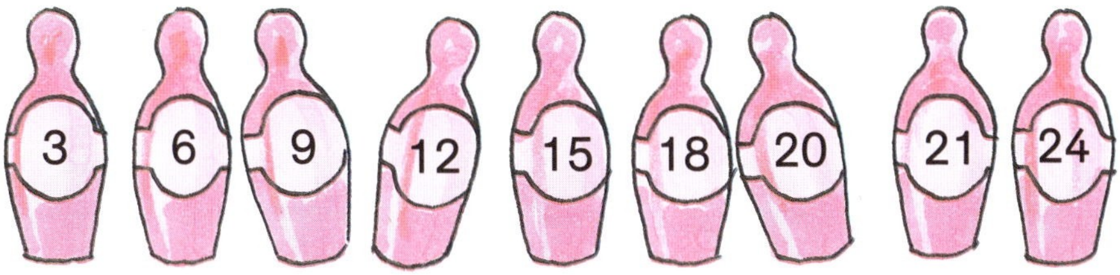

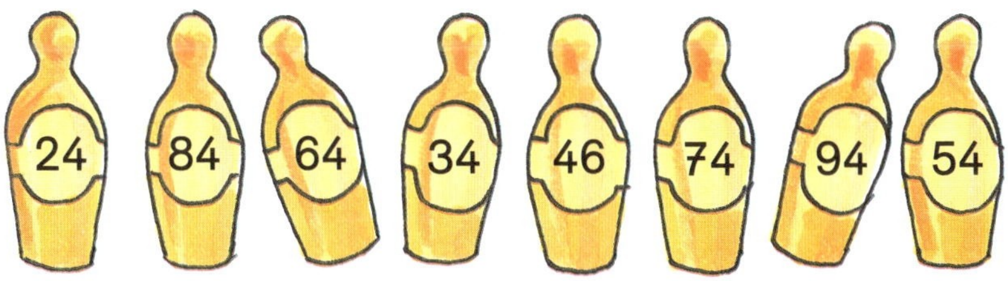

Knobelaufgaben

2 Zahlenrätsel: Wie heißt meine Zahl?

Wenn ich meine Zahl verdopple
und dann mit 5 malnehme, erhalte ich 20.

→ Meine Zahl:

Wenn ich von meiner Zahl 15 abziehe
und dann durch 2 teile, erhalte ich 5.

→ Meine Zahl:

Wenn ich meine Zahl mit
sich selbst malnehme und dann 100
abziehe, erhalte ich 0.

→ Meine Zahl:

Wenn ich meine Zahl
durch 2 teile und dann 3 abziehe,
erhalte ich 5.

Meine Zahl:

Knobelaufgaben

3 Löse die Zauberquadrate. Die Zauberer zeigen dir die Ergebniszahlen.

		7
11	6	1
5		10

		21
18		
		17

5	12	
	6	

4 Kannst du die Kreuzzahlrätsel lösen?
Rechne aus und trage ein.

3	·	2	·		=	36
·		·		·		
3	·		·	2	=	24
·		·		·		
	·	9	·	2	=	90
=		=		=		
45		72		24		

2	·		·	6	=	48
·		·		·		
3	·	5	·		=	15
·		·		·		
	·		·	2	=	28
=		=		=		
42		40		12		

Knobelaufgaben

5 Schreibe die Anzahl der Murmeln auf die Säckchen.

Linda hat 9 Murmeln. Tim hat dreimal so viele.
Arne hat 13 Murmeln weniger als Tim.
Rana besitzt 4 Murmeln mehr als Tim.

6 Finde das Lösungswort.

	stimmt	stimmt nicht
Es gibt Zahlen, die größer als 100 sind.	P	K
Zwischen 40 und 60 liegt eine Zahl mit 6 Zehnern und 4 Einern.	A	R
In der Mitte zwischen 0 und 100 liegt die Zahl 50.	O	T
Jede Zahl, die ich durch 4 teilen kann, kann ich auch durch 2 teilen.	F	Z
Zwischen 50 und 90 gibt es genau fünf Zahlen, die gleich viele Zehner wie Einer haben.	E	I

Lösungswort: ____ ____ ____ ____ ____